Les exemplaires non revêtus de la signature de l'Éditeur seront réputés contrefaits.

Paris. — Typographie de Firmin Didot frères, rue Jacob, 56.

INTRODUCTION

A LA

LANGUE GRECQUE,

PAR

LE P. BONAV. GIRAUDEAU,

DE LA COMPAGNIE DE JÉSUS.

———

NOUVELLE ÉDITION.

PARIS,

Vᵉ POUSSIELGUE-RUSAND, LIBRAIRE,

Rue Saint-Sulpice, 23.

LYON, J.-B. PÉLAGAUD ET Cⁱᵉ.

———

1852.

INTRODUCTION

A LA

LANGUE GRECQUE.

PREMIÈRE PARTIE.

Pour les sixièmes.

CHAPITRE PREMIER.

DES LETTRES.

ARTICLE PREMIER.

DU NOM ET DE LA FIGURE DES LETTRES.

Demande. *Combien y a-t-il de lettres dans l'alphabet grec?*

Réponse. Les Grecs ont vingt-quatre lettres.

D. *Nommez de suite toutes les lettres?*

R. Alpha, Bêta, etc., *comme elles se trouvent dans la table suivante.*

ALPHABET

ou

TABLE DES LETTRES.

FIGURE.	NOM.		VALEUR.
Α, α,	ἄλφα,	Alpha,	a.
Β, β, ϐ,	βῆτα,	Bêta,	b.
Γ, γ, Γ,	γάμμα,	Gamma,	g.
Δ, δ,	δέλτα,	Delta,	d.
Ε, ε,	ἐψιλὸν,	Epsilon,	e.
Ζ, ζ,	ζῆτα,	Zêta,	z, dz.
Η, η,	ῆτα,	Êta,	ê.
Θ, θ,	θῆτα,	Thêta,	th.
Ι, ι,	ἰῶτα,	Iôta,	i.
Κ, κ,	κάππα,	Cappa,	c, k.
Λ, λ,	λάμϐδα,	Lambda,	l.
Μ, μ,	μῦ,	Mu,	m.
Ν, ν,	νῦ,	Nu,	n.
Ξ, ξ,	ξῖ,	Xi,	x.
Ο, ο,	ὀμικρὸν,	Omicron,	o.
Π, π,	πῖ,	Pi,	p.
Ρ, ρ,	ῥῶ,	Rho,	r.
Σ, σ, ς,	σῖγμα,	Sigma,	s.
Τ, τ,	ταῦ,	Tau,	t.
Υ, υ,	ὐψιλὸν,	Upsilon,	u.
Φ, φ,	φῖ,	Phi,	ph.
Χ, χ,	χῖ,	Chi,	ch.
Ψ, ψ,	ψῖ,	Psi,	ps.
Ω, ω,	ὠμέγα,	Oméga,	ô.

Abbréviation : ς vaut στ.

ARTICLE II.

DE LA PRONONCIATION DES LETTRES.

Il importe peu, dans une langue morte, quelle prononciation l'on suive : on prend celle qui est généralement adoptée.

Il faut prononcer les lettres grecques, comme on prononce les lettres latines auxquelles elles répondent dans l'alphabet. Il y a pourtant quelques observations et quelques exceptions à faire.

γ comme *g* latin. On le prononce toujours dur, même devant ε et ι; c'est-à-dire, comme dans la première syllabe des mots français *guérir*, *guider*. Le γ devant une autre gutturale, c'est-à-dire devant γ, κ, χ, ξ, se prononce comme *n*. Par exemple : ἄγγελος, prononcez, non pas *aggelos*, mais *anguélos*.

ζ se prononce plus dur que le *z* latin, et comme s'il y avait *dz;* car il faut faire sentir que c'est une lettre double.

η se prononce comme *è* long et ouvert, comme dans *procès*. Non-seulement cette prononciation est l'ancienne; mais elle est encore essentielle pour l'ordre et l'économie de toute la langue grecque.

ι comme en latin *i* voyelle. Les Grecs n'ont point d'*i* consonne ou *j*.

κ comme *c*, mais toujours dur ; c'est-à-dire comme *k*.

σ comme *s*. Cette lettre est toujours dure, même

entre deux voyelles. Par exemple, pour μοῦσα, on prononce *mouça*, comme la dernière syllabe dans *il effaça*. Remarquez que, de ces deux caractères σ, ς, le premier σ s'emploie au commencement et au milieu du mot, et le second ς seulement à la fin.

τ comme *t* latin, mais toujours dur, même devant ι suivi d'une autre voyelle; comme dans le mot français *amitié*.

υ. Cette voyelle se prononce comme un *u* français. Les Grecs n'ont point d'υ consonne ou *v*; dans les mots latins qu'ils écrivent en grec, ils rendent l'υ consonne par un β, et plus souvent par ου, très-rarement par υ.

ω est toujours long, et ce n'est que par-là qu'il diffère de l'o, qui est toujours bref: du reste, tous les deux ont le même son.

ARTICLE III.

DE LA DIVISION DES LETTRES.

D. Comment divise-t-on les lettres?

R. On divise les lettres en *consonnes*, et en *voyelles*.

D. Combien y a-t-il en grec de consonnes et de voyelles?

R. Il y a en grec dix-sept consonnes, et sept voyelles.

TABLE DES CONSONNES.

| 9 *Muettes.* | | | 4 *Sifflantes.* | | 4 *Liquides* |
Tenues.	Moy.	Asp.	Simp.	Doub.	ou *immuables.*
Lab. π	B	φ ph.		ψ	λ μ
Gutt. ϰ	Γ	χ ch.	σ	ξ	
Dent. τ	Δ	θ th.		ζ	ν ρ

La langue grecque offre tant d'ordre et de symétrie, qu'il est nécessaire d'entrer ici dans un détail, qui, à l'égard de toute autre langue, pourrait paraître inutile.

Pour mieux faire entendre ce que nous allons dire sur les consonnes, nous laisserons quelquefois le nom artificiel qu'elles ont en grec, et nous les nommerons par le son qu'elles ont, étant jointes à une voyelle, par exemple avec ω; et nous dirons βω, γω, pour *béta, gamma,* etc.

Il sera bon, dans les commencements, que les enfants aient les yeux sur cette table, en répondant aux questions suivantes. Il serait bon aussi qu'ils la transcrivissent eux-mêmes sur un papier séparé. Et ce que je dis de cette table, pourra se pratiquer à l'égard de toutes les autres.

D. *Comment divise-t-on les dix-sept consonnes?*

R. Les dix-sept consonnes se divisent en *muettes, sifflantes* et *liquides.*

D. *Combien y a-t-il de muettes, de sifflantes, et de liquides?*

R. Il y a neuf muettes, quatre sifflantes, et quatre liquides.

DES MUETTES.

Les muettes s'appellent ainsi, parce qu'ordinairement elles n'ont de son que lorsqu'elles sont jointes à une voyelle, comme βω, πω, etc. Elles s'appellent aussi *muables*, parce que, dans les déclinaisons et conjugaisons, elles se changent souvent les unes en les autres.

La division des muettes est essentielle dans toute la grammaire. Il y a trois principales muettes, aux-quelles les autres se rapportent, et qui sont le fon-dement de cette division.

Les neuf muettes se divisent, trois par trois, de deux façons : premièrement suivant l'*esprit* ou l'*as-piration*, secondement suivant l'*organe* ou l'*instru-ment* dont on se sert pour les prononcer.

Suivant l'esprit, il y a trois *moyennes*, trois *te-nues*, et trois *aspirées*. Chaque moyenne tient le milieu, et est accompagnée de sa tenue et de son aspirée.

Suivant l'organe, il y a trois *labiales*, trois *gut-turales*, et trois *dentales*.

D. Quelles sont les trois principales muettes ?

R. Les trois principales muettes sont les trois *moyennes*, les trois premières consonnes de l'alpha-bet : *béta, gamma, delta;* βω, γω, δω.

D. Quelles sont les trois labiales, et de quel esprit sont-elles ?

R. Les trois *labiales* sont βω, πω, φω. Βω est la moyenne, première de l'alphabet ; πω est sa tenue ; φω son aspirée.

D. *Quelles sont les trois gutturales, et de quel esprit sont-elles ?*

R. Les trois *gutturales* sont γω, κω, χω. Γω est la moyenne, seconde de l'alphabet ; κω est sa tenue ; χω son aspirée.

D. *Quelles sont les trois dentales, et de quel esprit sont-elles ?*

R. Les trois *dentales* sont δω, τω, θω. Δω est la moyenne, troisième de l'alphabet ; τω est sa tenue ; θω son aspirée.

DES SIFFLANTES ET DES LETTRES DOUBLES.

Les sifflantes s'appellent ainsi, du son qu'elles ont dans la prononciation. Les sifflantes se divisent en *simples*, et *doubles*. Les doubles répondent chacune à un organe, et contiennent une lettre de cet organe avec la sifflante simple.

D. *Quelle est la sifflante simple ?*

R. La sifflante simple est *sigma* σ.

D. *Combien y a-t-il de lettres doubles ?*

R. Il y a trois lettres doubles : *psi, xi, dzéta* ; ψ, ξ, ζ.

D. *Que contiennent les lettres doubles ?*

R. Psi contient une labiale avec sigma ; *xi* une gutturale avec sigma ; et *dzéta* une dentale avec sigma.

Ainsi ψ vaut βσ, πσ, φσ; ξ équivaut à γσ, κσ, χσ; ζ à δσ, τσ, θσ.

D. Les aspirées, s'écrivant en latin avec deux caractères, ne sont-elles pas des lettres doubles?

R. Quoique les aspirées s'écrivent en latin avec deux caractères, elles ne sont cependant pas des lettres doubles : parce que le signe qui caractérise une aspirée n'est pas une lettre en grec, mais seulement un esprit ou aspiration.

DES LIQUIDES.

D. Quelles sont les quatre liquides?

R. Les quatre liquides sont λω, μω, νω, ρω; λ, μ, ν, ρ.

On les appelle *liquides,* parce que, dans les déclinaisons et conjugaisons, elles coulent aisément entre les autres, sans recevoir de changement; ce qui fait qu'elles s'appellent aussi *immuables.*

ARTICLE IV.

DES VOYELLES ET DES DIPHTHONGUES.

Table des voyelles.

I. VOYELLES		II. VOYELLES		
Propres.	Impropres.	Indiffér.	Brèves.	Longues.
α		α		
ε	η		ε	η
ι		ι		
ο	ω		ο	ω
υ		υ		

III.		*Table des diphthongues.*	
VOYELLES.		**DIPHTHONGUES.**	
Prépositives.	*Subjonctives.*	*Propres.*	*Impropres.*
α	ι	αι ai, æ.	ᾳ a.
ε		ει ei, i, e.	ῃ ê.
ο		οι oi, i, œ.	ῳ ô.
η		αυ au.	
ω	υ	ευ eu.	ηυ eu.
		ου ou.	ωυ ou.
			υι ui.

Suivez ici l'avis que nous avons donné ci-dessus
après la table des consonnes, p. 5.

DES VOYELLES.

On divise les voyelles de trois façons : à raison
de l'antiquité, à raison de la quantité, à raison des
diphthongues.

A raison de l'antiquité, les voyelles se divisent en
propres, et *impropres*. Les propres sont les anciennes, semblables aux nôtres. Les impropres sont
plus récentes, ayant été dans la suite ajoutées à
l'alphabet.

A raison de la quantité, les voyelles se divisent
en *indifférentes*, *brèves*, et *longues*. Les trois indifférentes sont tantôt brèves et tantôt longues. Les
deux brèves étaient anciennement indifférentes,
comme les trois autres; et elles ne sont devenues
toujours brèves, que depuis qu'on a ajouté à l'alphabet les deux impropres toujours longues.

A raison des diphthongues, on divise les voyelles en *prépositives*, et *subjonctives*. On appelle prépositive, la voyelle qui est la première dans la diphthongue ; et subjonctive, celle qui est la seconde.

D. *Quelles sont les voyelles propres, et les voyelles impropres ?*

R. Il y a cinq voyelles propres et anciennes : α, ε, ι, ο, υ ; *a, e, i, o, u ;* et deux impropres, η, ω ; *é, ó,* êta, oméga.

D. *De quelle quantité sont les voyelles ?*

R. Les deux impropres, η, ω, êta, oméga, sont longues : les deux propres auxquelles elles répondent, ε, ο, epsilon, omicron, sont brèves : les trois autres α, ι, υ ; *a, i, u,* alpha, iota, upsilon, sont indifférentes.

D. *Combien y a-t-il de prépositives et de subjonctives ?*

R. Il n'y a que deux subjonctives : ι, υ ; *i, u.* Les cinq autres sont prépositives, savoir : α, ε, ο, η, ω ; *a, e, o, é, ó.*

DES DIPHTHONGUES.

D. *Combien y a-t-il de diphthongues ?*

R. Il y a douze diphthongues : six propres, et six impropres.

Propres.	*Impropres.*
αι, ει, οι, αυ, ευ, ου.	ᾳ, ῃ, ῳ, ηυ, ωυ, υι.

D. *Quelles sont les diphthongues propres, et les diphthongues impropres ?*

R. Les six diphthongues propres se forment des cinq voyelles propres, savoir des trois prépositives propres, jointes avec les deux subjonctives ; et sont : αι, ει, οι, αυ, ευ, ου. Les autres six sont impropres.

Il est aussi aisé que nécessaire de discerner les diphthongues impropres. Premièrement dans les trois premières, iota ne s'écrit pas à côté, mais au-dessous ; ce qui fait qu'on l'appelle iôta souscrit : ᾳ, ῃ, ῳ. Secondement dans les quatre du milieu, ce sont les deux voyelles impropres qui servent de prépositives : η, ω, ηυ, ωυ. Troisièmement la dernière est irrégulière, et formée des deux subjonctives : υι.

DE LA PRONONCIATION DES DIPHTHONGUES.

Les diphthongues qui ont υ pour subjonctive, doivent se prononcer comme en latin et en français : αυ, *au* ; *aurora, aurore, augmenter* : ευ *eu* ; *Eucharistia, Eucharistie* : ου *ou*, comme en français. Les Latins n'ont point cette diphthongue ; le son qu'elle rendait, était le son de l'*u* prononcé *ou*. Les deux impropres ηυ *eu*, ωυ *ou*, ne diffèrent des deux propres ευ, ου, que parce qu'elles sont plus longues.

Les trois impropres qui ont l'*iota* souscrit, se prononcent comme s'il n'y était point, ᾳ, *a* ; ῃ, *é* ; ῳ, *o*. La dernière impropre υι, comme *ui* français.

Les trois propres qui ont ι pour subjonctive, ont

un peu plus de difficulté, parce qu'elles ne se trouvent point en latin. Les Latins changent souvent la subjonctive ι en *e*, αι en *æ*, οι en *œ ;* d'autres fois ils n'expriment que la subjonctive, retranchant la prépositive : οι *i*, ει *i*, etc.

Il faut donc prononcer ces trois diphthongues αι, ει, οι, de manière qu'il ne paraisse pas que ce soit deux syllabes, mais aussi de manière que l'on sente les deux voyelles. Pour cela il faut prononcer l'ι très – faiblement , et ne faire que l'effleurer. Par exemple dans αι , il faut faire sentir l'ι plus qu'en français dans la première syllabe du mot *faire*, un peu moins que dans le participe *haï*, mais à peu près comme dans l'interjection *hai !* et ainsi des deux autres. Je n'approuve point qu'on prononce οι entièrement comme en français dans les mots *moi, toi, loi, roi ;* car c'est un *a* que nous prononçons et non un *i*.

ARTICLE V.

DES AUTRES MARQUES EMPLOYÉES DANS L'ÉCRITURE.

DES ACCENTS.

Il faut que les enfants sachent que ces petits traits, qu'ils voient sur les mots, sont des accents, et qu'ils les distinguent des esprits, dont nous parlerons après. C'est tout ce qu'ils en doivent savoir pour le présent.

Il y a trois accents : le *grave*, incliné de gauche à droite (`) : l'*aigu*, incliné de droite à gauche (´) : le *circonflexe* formé des deux autres (˜). Il ne faut pas s'imaginer qu'une voyelle soit longue parce qu'elle est marquée d'un accent, à moins que ce ne soit du circonflexe.

DES ESPRITS.

Il y a deux esprits : l'esprit *doux*, marqué comme une petite virgule (’) et qu'on ne fait point sentir en prononçant : l'esprit *rude*, marqué comme un petit c (‘) lequel vaut un *h*, qu'il faut avoir soin de prononcer. Par exemple : dans ἄγαν, vous voyez un esprit *doux*, avec un accent *aigu;* prononcez comme s'il n'y avait rien : *agan.* Dans ἅμα, vous voyez un esprit *rude*, avec un accent *aigu;* ne faites nulle attention à l'accent, et prononcez l'esprit *rude* : *hama.*

Dans le grec qu'on fait écrire aux enfants, il ne faut leur faire écrire ni les accents ni l'esprit doux; mais seulement l'esprit rude, et avoir grand soin qu'ils le prononcent : excepté quand il se trouve sur un ῥω, car nous ignorons cette prononciation de *rh*, et nous prononçons comme s'il n'y avait point de *h* : *rhetor* comme *retor.*

DE LA PONCTUATION ET DE L'APOSTROPHE.

Les Grecs ont comme nous la virgule, et le point

au bas de la ligne. Un point au haut de la ligne , équivaut à nos deux points, ou à notre point et virgule. Un point et une virgule marquent l'interrogation.

L'apostrophe marque une lettre rejetée, comme en français dans ce mot même : *l'Apostrophe,* pour *la Apostrophe.*

Les deux points sur une voyelle, marquent qu'il faut prononcer cette voyelle séparément de la précédente, comme dans ce même mot *voïelle,* où l'*i* se prononce plus distinctement que dans ces mots, *voie, via; voilà, ecce.*

CHAPITRE II.

DES NOMS.

D. Combien y a-t-il de genres dans les noms grecs ?

R. Il y a trois genres : le *masculin,* le *féminin,* et le *neutre.* On peut y ajouter le *commun,* qui comprend le masculin et le féminin.

D. Combien y a-t-il de nombres ?

R. Il y a trois nombres : le *singulier,* le *duel* quand on ne parle que de deux, et le *pluriel.*

D. Combien y a-t-il de cas ?

R. Il y a six cas, comme en latin. Quelques-uns cependant n'en admettent que cinq, et retranchent l'ablatif, parce qu'il est toujours semblable au datif.

D. *Combien les noms neutres ont-ils de cas semblables?*

R. Les noms neutres ont trois cas semblables, comme en latin, et toujours terminés en α au pluriel, excepté dans la quatrième déclinaison.

DE L'ARTICLE.

L'article grec répond à l'article français *le*, *la*, *les*, etc., et se décline comme les noms. Cet article ne s'exprime point en latin, parce que les Latins n'ont point d'article.

D. *Déclinez l'article.*

R.

SINGULIER.

Nominatif.	ὁ,	ἡ,	τό.
Génitif.	τοῦ,	τῆς,	τοῦ.
Datif.	τῷ,	τῇ,	τῷ.
Accusatif.	τόν,	τήν,	τό.

DUEL.

| Nominatif. | τώ, | τά, | τώ. |
| Génitif. | τοῖν, | ταῖν, | τοῖν. |

PLURIEL.

Nominatif.	οἱ,	αἱ,	τά.
Génitif.	τῶν,	τῶν,	τῶν.
Datif.	τοῖς,	ταῖς,	τοῖς.
Accusatif.	τούς,	τάς,	τά.

ὁ est pour le masculin, ἡ pour le féminin, τὸ pour le neutre. Prononcez l'esprit rude, ho, hê; et au pluriel hoi, hai.

L'article n'a point de vocatif : ὦ dont on se sert est un adverbe pour appeler, comme en latin ô !

TABLE

DES DÉCLINAISONS SIMPLES.

	1.	2.	3.	4.	5.
Sing.	masc.	fém.	com. n. com. n.	com. n.	
N.	ας : ης.	α : α, η.	ος, ον : οῦς, οῦν.	ως : ων.	*
G.	ου.	ας : ης.	ου.	ω.	ος.
D.	ᾳ : η.	ᾳ : η.	ῳ.	ῳ.	ι.
A.	αν : ην.	αν : αν, ην.	ον : οῦν.	ων.	α.
V.	α : η.	α : α, η.	ε, ον : οῦ, οῦν.	ως, ων.	*
Duel.					
N.	α.	α.	ω.	ω.	ε.
G. D.	αιν.	αιν.	οιν.	ῳν.	οιν.
Pluriel.					
N.	αι.	αι.	οι, α : οῖ, ᾶ.	ῳ.	ες : α.
G.	ῶν.	ῶν.	ων.	ων.	ων.
D.	αις.	αις.	οις.	ῳς.	σι.
A.	ας.	ας.	ους, α : οῦς, ᾶ.	ως, ω.	ας : α.

Il faut accoutumer les enfants à décliner, non sur les noms particuliers que l'on donne pour exemples, mais sur ces tables. Comme les objets sont ici plus réunis, ils occupent moins de place dans la mémoire, et la chargent moins. Que les enfants décli-

nent donc souvent, ayant ces tables devant les yeux ;
ce qui ne doit pas empêcher qu'ils ne déclinent aussi
de mémoire et par écrit.

DES DÉCLINAISONS.

D. *Combien y a-t-il de déclinaisons ?*

R. Il y a cinq déclinaisons.

D. *Comment connaît-on de quelle déclinaison
est un nom ?*

R. On connaît de quelle déclinaison est un nom,
par la terminaison du nominatif et du génitif, et
quelquefois même par la terminaison seule du nominatif, et par le genre.

PREMIÈRE DÉCLINAISON.

D. *Quels noms contient la première déclinaison?*

R. La première déclinaison contient les masculins
en ας et en ης, dont le génitif est en ου.

D. *Déclinez un nom en ας de la première déclinaison.*	D. *Déclinez un nom en ης de la première déclinaison.*
R. SINGULIER.	R. SINGULIER.
Nom. Αἰνείας , *Æneas.*	Nom. Χρύσης , *Chryses.*
Gén. Αἰνείου.	Gén. Χρύσου.
Dat. Αἰνεία.	Dat. Χρύσῃ.
Acc. Αἰνείαν.	Acc. Χρύσην.
Voc. Αἰνεία.	Voc. Χρύση.

DUEL.	DUEL.
Nom. Αἰνεία.	Nom. Χρύσα.
Gén. Αἰνείαιν.	Gén. Χρύσαιν.

PLURIEL.	PLURIEL.
Nom. Αἰνεῖαι.	Nom. Χρύσαι.
Gén. Αἰνειῶν.	Gén. Χρυσῶν.
Dat. Αἰνείαις.	Dat. Χρύσαις.
Acc. Αἰνείας.	Acc. Χρύσας.

D. Y a-t-il quelque exception dans la première déclinaison ?

R. Dans la première déclinaison il y a deux exceptions, qui ne regardent que le singulier. La première pour le génitif : outre le génitif en ου, quelques noms forment aussi le génitif du nominatif en ôtant ς; comme πάππας *pater*, génitif πάππα. La seconde pour le vocatif : les noms en της, et quelques autres en ης ont le vocatif en α; comme ἔτης *socius*, vocatif ἔτα.

SECONDE DÉCLINAISON.

D. Quels noms contient la seconde déclinaison?

R. La seconde déclinaison contient les féminins en α et en η, dont le génitif est en ης.

D. *Déclinez un nom en α de la seconde déclinaison.*

R. SINGULIER.

Nom. μοῦσα, *musa.*
Gén. μούσης.
Dat. μούσῃ.
Acc. μοῦσαν.
Voc. μοῦσα.

DUEL.

Nom. μούσα.
Gén. μούσαιν.

PLURIEL.

Nom. μοῦσαι.
Gén. μουσῶν.
Dat. μούσαις.
Acc. μούσας.

D. *Déclinez un nom en η de la seconde déclinaison.*

R. SINGULIER.

Nom. τιμὴ, *honor.*
Gén. τιμῆς.
Dat. τιμῇ.
Acc. τιμὴν.
Voc. τιμὴ.

DUEL.

Nom. τιμὰ.
Gén. τιμαῖν.

PLURIEL.

Nom. τιμαὶ.
Gén. τιμῶν.
Dat. τιμαῖς.
Acc. τιμὰς.

D. *Y a-t-il quelque exception dans la seconde déclinaison ?*

R. Dans la seconde déclinaison il n'y a qu'une exception pour le génitif et le datif singulier. Les noms en α pur, c'est-à-dire précédé d'une voyelle, les noms en δα, θα, ρα, et quelques autres en α, ont le génitif en ας et le datif en ᾳ. Comme καρδία *cor*, génitif καρδίας, datif καρδίᾳ; ἡμέρα *dies*, génitif ἡμέρας, datif ἡμέρᾳ.

D. *Qu'y a-t-il à observer sur les deux premières déclinaisons ?*

R. Sur les deux premières déclinaisons on peut

observer que le duel et le pluriel sont terminés dans l'une de la même manière que dans l'autre.

TROISIÈME DÉCLINAISON.

D. Quels noms contient la troisième décli-naison ?

R. La troisième déclinaison contient les masculins, féminins, et communs en ος et en οῦς, et les neutres en ον et en οῦν, dont le génitif est en ου.

D. Déclinez un nom en ος *de la troisième déclinaison.*	*D. Déclinez un nom en* ον *de la troisième déclinaison.*
R. SINGULIER.	*R.* SINGULIER.
Nom. λόγος , *sermo.*	Nom. ξύλον , *lignum.*
Gén. λόγου.	Gén. ξύλου.
Dat. λόγῳ.	Dat. ξύλῳ.
Acc. λόγον.	Acc. ξύλον.
Voc. λόγε.	Voc. ξύλον.
DUEL.	DUEL.
Nom. λόγω.	Nom. ξύλω.
Gén. λόγοιν.	Gén. ξύλοιν.
PLURIEL.	PLURIEL.
Nom. λόγοι.	Nom. ξύλα.
Gén. λόγων.	Gén. ξύλων.
Dat. λόγοις.	Dat. ξύλοις.
Acc. λόγους.	Acc. ξύλα.
Voc. λόγοι.	Voc. ξύλα.

Les noms en ος du féminin ou du commun genre, se déclinent comme λόγος qui est du masculin.

<table>
<tr><td>

D. *Déclinez un nom en οῦς de la troisième déclinaison.*

R.   SINGULIER.

Nom. διπλοῦς, *duplex.*
Gén. διπλοῦ.
Dat. διπλῷ.
Acc. διπλοῦν.
Voc. διπλοῦ.

DUEL.

Nom. διπλώ.
Gén. διπλοῖν.

PLURIEL.

Nom. διπλοῖ.
Gén. διπλῶν.
Dat. διπλοῖς.
Acc. διπλοῦς.
Voc. διπλοῖ.

</td><td>

D. *Déclinez un nom en οῦν de la troisième déclinaison.*

R.   SINGULIER.

Nom. διπλοῦν, *duplex.*
Gén. διπλοῦ.
Dat. διπλῷ.
Acc. διπλοῦν.
Voc. διπλοῦν.

DUEL.

Nom. διπλώ.
Gén. διπλοῖν.

PLURIEL.

Nom. διπλᾶ.
Gén. διπλῶν.
Dat. διπλοῖς.
Acc. διπλᾶ.
Voc. διπλᾶ.

</td></tr>
</table>

Nous traiterons plus tard des déclinaisons contractes. Observons seulement, en passant, que ces noms en οῦς et en οῦν ne sont autre chose que des noms en ος et en ον déclinés par contraction. Ainsi du masculin διπλόος, génitif διπλόου, se fait διπλοῦς, διπλοῦ : du neutre διπλόον, se fait διπλοῦν ; et l'on peut, si l'on veut, les décliner sans contraction. Du reste, la terminaison ne se trouve différente qu'au nominatif, accusatif, et vocatif du singulier; partout ailleurs elle est semblable à celles des noms en ος et en ον.

Le féminin διπλόη, de la seconde déclinaison, se contracte aussi διπλῆ ; mais cette contraction ne change nulle part la terminaison.

D. Y a-t-il quelque exception dans la troisième déclinaison?

R. Dans la troisième déclinaison le vocatif des noms en ος est quelquefois semblable au nominatif, comme en latin *ὁ Deus.*

QUATRIÈME DÉCLINAISON.

D. Quels noms contient la quatrième déclinaison?

R. La quatrième déclinaison contient les masculins, féminins, et communs en ως, et les neutres en ων, par un oméga ; dont le génitif est en ω, aussi par un oméga.

D. Déclinez un nom en ως *de la quatrième déclinaison.*	*D. Déclinez un nom en* ων *de la quatrième déclinaison.*
R. SINGULIER.	*R.* SINGULIER.
Nom. εὔγεως, *fertilis.*	Nom. εὔγεων, *fertile.*
Gén. εὔγεω.	Gén. εὔγεω.
Dat. εὔγεῳ.	Dat. εὔγεῳ.
Acc. εὔγεων.	Acc. εὔγεων.
Voc. εὔγεως.	Voc. εὔγεων.

DUEL.

Nom. εὔγεω.
Gén. εὔγεων.

PLURIEL.

Nom. εὔγεω.
Gén. εὔγεων.
Dat. εὔγεως.
Acc. εὔγεως.
Voc. εὔγεω.

DUEL.

Nom. εὔγεω.
Gén. εὔγεων.

PLURIEL.

Nom. εὔγεω.
Gén. εὔγεων.
Dat. εὔγεως.
Acc. εὔγεω.
Voc. εὔγεω.

La quatrième déclinaison est, à proprement parler, la même que la troisième; mais elle suit la manière attique, par laquelle premièrement le vocatif singulier est semblable au nominatif : secondement toutes les voyelles de la terminaison sont changées ici en ω oméga, en souscrivant l'iôta, quand il s'y rencontre; ce qui fait qu'elle n'a point le neutre pluriel en α comme toutes les autres.

Il y a des noms qui se déclinent indifféremment selon la troisième ou selon la quatrième déclinaison, comme λαγὸς ou λαγὼς, *lepus*, λαὸς ou λεὼς, *populus*.

D. *Y a-t-il quelque exception dans la quatrième déclinaison ?*

R. Dans la quatrième déclinaison : 1° Quelques noms neutres ont le nominatif singulier en ω, et quelques-uns en ως. 2° Quelquefois on retranche le ν de l'accusatif singulier et on le termine en ω.

DES QUATRE PREMIÈRES DÉCLINAISONS PARISYLLABIQUES.

D. *Comment appelle-t-on les quatre premières déclinaisons ?*

R. Les quatre premières déclinaisons s'appellent *parisyllabiques*, parce que le génitif singulier, et tous les autres cas ensuite, n'ont pas plus de syllabes que le nominatif singulier, et qu'ainsi tous les cas sont égaux en syllabes.

D. *Qu'y a-t-il à remarquer sur les déclinaisons parisyllabiques ?*

R. On peut remarquer que les quatre déclinaisons parisyllabiques ont toutes le datif singulier terminé en une diphthongue impropre, avec l'iôta souscrit, et l'accusatif singulier terminé en ν.

CINQUIÈME DÉCLINAISON

IMPARISYLLABIQUE.

D. *Quels noms contient la cinquième déclinaison ?*

R. La cinquième déclinaison contient toute sorte de genres et de terminaisons ; et se distingue par son génitif, qui est en ος, et qui croît d'une syllabe.

Cette étoile * dans la table (page 16) marque le

nominatif pour toute sorte de terminaison : et de même au vocatif.

D. Comment s'appelle la cinquième déclinaison?

R. La cinquième déclinaison s'appelle *imparisyllabique;* parce que le génitif croissant d'une syllabe, ce génitif et les autres cas ensuite ont une syllabe de plus que le nominatif singulier, et qu'ainsi tous les cas ne sont pas égaux en syllabes.

D. Déclinez un nom masculin de la cinquième déclinaison.	*D. Déclinez un nom neutre de la cinquième déclinaison.*
R. SINGULIER.	*R.* SINGULIER.
Nom. Τιτὰν, *Titan.*	Nom. πνεῦμα, *spiritus.*
Gén. Τιτᾶνος.	Gén. πνεύματος.
Dat. Τιτᾶνι.	Dat. πνεύματι.
Acc. Τιτᾶνα.	Acc. πνεῦμα.
Voc. Τιτὰν.	Voc. πνεῦμα.
DUEL.	DUEL.
Nom. Τιτᾶνε.	Nom. πνεύματε.
Gén. Τιτάνοιν.	Gén. πνευμάτοιν.
PLURIEL.	PLURIEL.
Nom. Τιτᾶνες.	Nom. πνεύματα.
Gén. Τιτάνων.	Gén. πνευμάτων.
Dat. Τιτᾶσι.	Dat. πνεύμασι.
Acc. Τιτᾶνας.	Acc. πνεύματα.
Voc. Τιτᾶνες.	Voc. πνεύματα.

Les noms féminins se déclinent comme les masculins.

OBSERVATIONS SUR LES CINQ DÉCLINAISONS.

Les cinq déclinaisons ont entre elles plusieurs choses semblables. Premièrement au singulier, elles ont le datif en ι, mais dans les parisyllabiques, cet ι est souscrit. Secondement au duel, elles n'ont que deux terminaisons : la première pour le nominatif, accusatif et vocatif; la seconde, qui est toujours en ν précédé d'une diphthongue, pour le génitif, datif et ablatif. Troisièmement au pluriel, elles ont le génitif en ων, et le vocatif semblable au nominatif.

C'est pour cela que dans les tables on n'a point exprimé le vocatif pluriel, non plus que l'ablatif dans aucun nombre.

Ces déclinaisons ont aussi un rapport marqué avec les déclinaisons latines. Les deux premières déclinaisons grecques se rapportent à la première des Latins, qui est en *a* et en *e*, en *as* et en *es*. La troisième et la quatrième se rapportent à la seconde et quatrième des Latins pour les noms en *us* et en *um*. La cinquième se rapporte à la troisième des Latins; le génitif ος répondant au génitif *is* des Latins.

EXCEPTIONS DE LA CINQUIÈME DÉCLINAISON.

D. Quelles exceptions y a-t-il dans la cinquième déclinaison?

R. Dans la cinquième déclinaison il y a quatre

exceptions , savoir pour le génitif, l'accusatif, et le vocatif du singulier, et le datif du pluriel.

DU GÉNITIF DE LA SECONDE DÉCLINAISON.

D. Quelles exceptions y a-t-il pour le génitif de la cinquième déclinaison?

R. Premièrement le génitif de la cinquième déclinaison est en ος par un omicron ; mais quelquefois il est en ως par un oméga. Secondement le génitif croît d'une syllabe ; mais quelquefois il ne croît pas, parce qu'il se fait par syncope : comme πατὴρ, *pater*, génitif πατρὸς pour πατέρος, datif πατρὶ, etc.

DE L'ACCUSATIF DE LA CINQUIÈME DÉCLINAISON.

D. Quelles exceptions y a-t-il pour l'accusatif de la cinquième déclinaison ?

R. Premièrement les noms en ις, υς, αυς, ους, qui ont le génitif en ος pur, font l'accusatif, en changeant ς du nominatif en ν, terminé en ιν, υν, αυν, ουν : quelques-uns ayant le génitif en ος non pur, ont l'accusatif en ν et en α, comme ἔρις, *contentio*, génitif ἔριδος, accusatif ἔριν et ἔριδα. Secondement quelques noms déclinés par syncope, ont l'accusatif sans syncope, comme πατὴρ, génitif πατρὸς, accusatif πατέρα.

De même μήτηρ, *mater*, et γαστὴρ, *venter*, accusatif μητέρα, γαστέρα.

DU VOCATIF DE LA CINQUIÈME DÉCLINAISON.

D. Quelles exceptions y a-t-il pour le vocatif de la cinquième déclinaison ?

R. Le vocatif singulier est semblable au nominatif, excepté premièrement que parmi les noms terminés en ς, les uns retranchent le ς, comme βασιλεὺς, *rex*, vocatif βασιλεῦ : les autres, savoir la plupart de ceux qui ont ν au génitif, changent ς du nominatif en ν, comme Αἴας, *Ajax*, génitif Αἴαντος, vocatif Αἴαν. Secondement le vocatif change la longue du nominatif en brève, et ôte la subjonctive de la diphthongue lorsque ce changement a été fait au génitif. Comme λέων, *leo*, génitif λέοντος, vocatif λέον, par un omicron.

De même τέρην, *tener*, génitif, τέρενος, vocatif, τέρεν, par epsilon. Πατὴρ, génitif sans syncope, πατέρος, vocatif πάτερ. Χαρίεις, *gratiosus*, génitif χαρίεντος, vocatif χαρίεν, ôtant la subjonctive ι, et changeant le ς en ν, comme il a été dit dans la première exception ; ou bien encore, vocatif χαρίει, retranchant le ς suivant la même exception.

Ces deux exceptions ne regardent point les participes, qui ont toujours le vocatif semblable au nominatif. Ainsi τύψας, *qui a frappé*, génitif τύψαντος, vocatif τύψας et non τύψαν. De même τύπτων, *qui frappe*, génitif τύπτοντος, vocatif τύπτων et non τύπτον.

DU DATIF PLURIEL DE LA CINQUIÈME DÉCLIN.

D. Comment se forme le datif pluriel de la cinquième déclinaison ?

R. La règle commune du datif pluriel de la cinquième déclinaison est qu'il se forme du datif singulier, en insérant σ devant ι. Par exemple ὄφις, *serpens*, génitif ὄφιος, datif ὄφιι, datif pluriel ὄφισι.

De même ῥήτωρ, *rhetor*, génitif ῥήτορος, datif ῥήτορι, datif pluriel ῥήτορσι.

D. Quelles exceptions y a-t-il pour le datif pluriel de la cinquième déclinaison ?

R. Il y a quatre exceptions pour le datif pluriel de la cinquième déclinaison. 1° On retranche du datif singulier ces quatre lettres δ, τ, θ, ν. 2° οντι fait ουσι, εντι fait εισι. 3° Ceux qui se déclinent par syncope font ασι, α bref. 4° Les noms en ψ et ξ ajoutent ι au nominatif ; de même que les noms en ς précédé d'une diphthongue.

Ainsi τιτὰν, génitif τιτᾶνος, datif τιτᾶνι, datif pluriel τιτᾶσι : πνεῦμα, génitif πνεύματος, datif πνεύματι, datif pluriel πνεύμασι : στὰς, *stans*, génitif στάντος, datif στάντι, datif pluriel στᾶσι. Par la première exception : *on retranche, etc.*

Λέων, génitif λέοντος, datif λέοντι, datif pluriel λέουσι : τυφθεὶς, génitif τυφθέντος, datif τυφθέντι, datif pluriel τυφθεῖσι. Par la seconde exception : οντι, *etc.*

Πατὴρ, génitif πατρὸς, datif πατρὶ, datif pluriel πατράσι. Par la troisième exception : *ceux qui, etc.*

Φλὲψ, *vena*, datif pluriel φλεψί : ἄνθραξ, *carbo*, datif pluriel ἄνθραξι : βασιλεὺς, *rex*, datif pluriel βασιλεῦσι : βοῦς, *bos*, datif pluriel βουσί. Par la quatrième exception : *les noms, etc.*

CHAPITRE III.

DES ADJECTIFS.

DE LA DÉCLINAISON DES ADJECTIFS.

masculin.	*féminin.*	*neutre.*	
ἄγιος,	ἀγία,	ἄγιον,	*sanctus, a, um.*
ἐλεύθερος,	ἐλευθέρα,	ἐλεύθερον,	*liber, a, um.*
ἀγαθὸς,	ἀγαθὴ,	ἀγαθὸν,	*bonus, a, um.*
τέρην,	τέρεινα,	τέρεν,	*tener, a, um.*
τύπτων,	τύπτουσα,	τύπτον,	*verberans.*

commun.		*neutre.*	
κακίων,		κάκιον,	*pejor, pejus.*
ἀληθὴς,		ἀληθὲς,	*verus, a, um.*

Attique.

ἀγαθὸς,		ἀγαθὸν,	*bonus, a, um.*
εὔγεως,		εὔγεων,	*fertilis, fertile.*

D. *Combien y a-t-il de sortes d'adjectifs ?*

R. Il y a deux sortes d'adjectifs : les uns qui ont trois terminaisons pour les trois genres, comme ἅγιος, ἁγία, ἅγιον, *sanctus, a, um.* Les autres qui n'ont que deux terminaisons ; la première du genre commun, et la seconde du neutre, comme κακίων, *pejor;* κάκιον, *pejus.*

D. *De quelle déclinaison sont les adjectifs ?*

R. Les adjectifs de deux terminaisons sont de la cinquième déclinaison, comme κακίων, *pejor*, génitif κακίονος ; ἀληθὲς, *verus, vera*, génitif ἀληθέος ou ἀληθοῦς. Les adjectifs de trois terminaisons, les uns sont de la troisième, et les autres de la cinquième, ce qui s'entend du masculin et du neutre ; car le féminin est toujours de la seconde.

D. *Comment connaît-on si un adjectif de trois terminaisons est de la troisième ou de la cinquième déclinaison ?*

R. On connaît la déclinaison des adjectifs par le féminin. Si le féminin est parisyllabique avec le masculin, l'adjectif est de la troisième ; et il est de la cinquième, si le féminin croît d'une syllabe.

On le connaît aussi par le génitif. Ainsi ἅγιος, ἁγίου est de la troisième ; τέρην, τέρενος, de la cinquième. Souvent même on le connaît par le nominatif ; car par exemple dans τέρην, τύπτων, cette terminaison pour le nominatif masculin ne convenant à aucune des quatre premières déclinaisons, est nécessairement de la cinquième.

D. *N'y a-t-il pas des adjectifs de deux terminai-sons qui sont de la troisième et de la quatrième déclinaison?*

R. Les adjectifs de deux terminaisons qui sont de la troisième ou de la quatrième déclinaison, sont propres aux Attiques.

Les Attiques ont coutume de faire du commun la terminaison masculine en ος, comme ἀγαθὸς, *bonus, bona;* et toute la quatrième déclinaison est proprement attique, comme εὔγεως, εὔγεων, que l'on reconnaît assez par son génitif εὔγεω.

DE LA TERMINAISON DES GENRES DANS LES ADJECTIFS.

	masculin.	féminin.	neutre.
Dans la cinquième.	*	α,	*
Dans la troisième.	ος pur et ρος,	α,	ον.
	ος non pur,	η,	ον.

D. *Comment est terminé le féminin et le neutre dans les adjectifs?*

R. Dans les adjectifs de la cinquième déclinaison, le féminin est toujours en α, et le neutre varie comme le masculin. Dans les adjectifs de la troisième, le féminin est en α ou en η, et le neutre toujours en ον.

D. *Quels sont les adjectifs de la troisième décli-naison qui ont le féminin en α, et quels sont ceux qui l'ont en η?*

R. Les adjectifs de la troisième déclinaison qui sont en ος pur, comme ἅγιος; ou en ρος, comme ἐλεύθερος, et quelques autres, ont ordinairement le féminin en α : ceux qui ne sont pas en ος pur, comme ἀγαθός, ont ordinairement le féminin en η.

D. *Déclinez ἀγαθός suivant les trois genres.*

R.

SINGULIER.

Nom.	ἀγαθὸς,	ἀγα θὴ,	ἀγαθὸν.
Gén.	ἀγαθοῦ,	ἀγαθῆς,	ἀγαθοῦ.
Dat.	ἀγαθῷ,	ἀγαθῇ,	ἀγαθῷ.
Acc.	ἀγαθὸν,	ἀγαθὴν,	ἀγαθὸν.
Voc.	ἀγαθὲ,	ἀγαθὴ,	ἀγαθὸν.

DUEL.

| Nom. | ἀγαθὼ, | ἀγαθὰ, | ἀγαθὼ. |
| Gén. | ἀγαθοῖν, | ἀγαθαῖν, | ἀγαθοῖν. |

PLURIEL.

Nom.	ἀγαθοὶ,	ἀγαθαὶ,	ἀγαθὰ.
Gén.	ἀγαθῶν,	ἀγαθῶν,	ἀγαθῶν.
Dat.	ἀγαθοῖς,	ἀγαθαῖς,	ἀγαθοῖς.
Acc.	ἀγαθοὺς,	ἀγαθὰς,	ἀγαθὰ.
Voc.	ἀγαθοὶ,	ἀγαθαὶ,	ἀγαθὰ.

Il faut souvent exercer les enfants à décliner des adjectifs. Au commencement il faut les faire décliner sur la table des déclinaisons simples, les accoutumant à prendre le masculin et le neutre dans la troisième ou cinquième déclinaison, selon la nature de l'adjectif, et le féminin dans la seconde déclinaison ; ensuite ils pourront sans peine les décliner de mémoire. Il sera bon aussi de leur en faire ainsi décliner par écrit.

DU COMPARATIF ET DU SUPERLATIF.

D. Comment le comparatif et le superlatif se forment-ils du positif ?

R. Le comparatif et le superlatif se forment du positif de deux manières. Par la première, le comparatif est en τερος, et le superlatif en τατος, comme ἅγιος, *sanctus,* ἁγιώτερος, *sanctior,* ἁγιώτατος, *sanctissimus.* Par la seconde, le comparatif est en ων et le superlatif est en στος, comme κακὸς, *malus ;* κακίων, *pejor ;* κάκιστος, *pessimus.*

Il y a ici comme en latin beaucoup d'irréguliers, comme μέγας, *magnus ;* μείζων, *major ;* μέγιστος, *maximus ;* l'usage les apprendra.

Le comparatif en ων est un adjectif de deux terminaisons, et par conséquent de la cinquième déclinaison ; ων du commun genre, ον du neutre, génitif ονος.

Les comparatifs en τερος, et tous les superlatifs, sont des adjectifs de trois terminaisons, et de la troisième déclinaison.

DES NOMS DE NOMBRE.

D. Comptez par les nombres cardinaux.

R. εἷς, μία, ἓν, *unus, a, um.*　δέκα, *decem.*
δύο ou δύω, *duo.*　εἴκοσι, *viginti.*
τρεῖς, τρία, *tres, tria.*　τριάκοντα, *triginta.*
τέσσαρες, τέσσαρα, *quatuor.*　τεσσαράκοντα, *quadrag.*
πέντε, *quinque.*　πεντήκοντα, *quinquaginta.*
ἓξ, *sex.*　ἑξήκοντα, *sexaginta.*
ἑπτὰ, *septem.*　ἑβδομήκοντα, *septuaginta.*
ὀκτὼ, *octo.*　ὀγδοήκοντα, *octoginta.*
ἐννέα, *novem.*　ἐννεήκοντα, *nonaginta.*

Ἑκατὸν, *centum;* χίλιοι, *mille;* μύριοι, *decies mille.*

Les autres nombres sont composés de ceux-ci, comme ἕνδεκα, *undecim;* δώδεκα, *duodecim.*

Les quatre premiers se déclinent : les suivants sont indéclinables. Les deux derniers χίλιοι et μύριοι, se déclinent comme les adjectifs de la troisième déclinaison, au pluriel. Il ne reste de difficulté que dans les quatre premiers.

D. Déclinez εἷς, *unus.*

R.　　　　　SINGULIER.

Nom.	εἷς,	μία,	ἕν.
Gén.	ἑνὸς,	μιᾶς,	ἑνὸς.
Dat.	ἑνὶ,	μιᾷ,	ἑνὶ.
Acc.	ἕνα,	μίαν,	ἕν.

Ce nom est de la cinquième pour le masculin et le neutre : le féminin est de la seconde. C'est un singulier sans pluriel; mais les composés, comme οὐδεὶς, *nullus*, ont le pluriel οὐδένες.

D. *Déclinez* δύο.

R.   Nom.   δύο ou δύω, de tout genre.
        Gén.   δυοῖν, et pour le féminin δυεῖν.

Ce nom est un duel de la troisième. On le prend aussi comme indéclinable. Le génitif féminin est irrégulier. Ce nom a aussi quelquefois le datif δυσὶ, comme au pluriel de la cinquième. On joint à ce nom l'article du duel ou du pluriel indifféremment.

D. *Déclinez* τρεῖς, *tres*.

R.   Nom.   τρεῖς, *tres;* τρία, *tria.*
        Gén.   τριῶν, de tout genre.
        Dat.   τρισὶ, de tout genre.
        Acc.   τρεῖς, *tres;* τρία, *tria.*

D. *Déclinez* τέσσαρες, *quatuor.*
R. Nomin. τέσσαρες, du commun, τέσσαρα, du neutre.

        Gén.   τεσσάρων, de tout genre.
        Dat.   τέσσαρσι, de tout genre.
        Acc.   τέσσαρας, τέσσαρα.

Ces deux noms sont des pluriels de la cinquième déclinaison. Τρεῖς, comme dans les contractes. On dit aussi τέτταρες pour τέσσαρες.

D. *Comptez par les nombres ordinaux.*

R. πρῶτος,	*primus.*	δέκατος,	*decimus.*
δεύτερος,	*secundus.*	εἰκοστὸς,	*vigesimus.*
τρίτος,	*tertius.*	τριακοστὸς,	*trigesimus.*
τέταρτος,	*quartus.*	τεσσαρακοστὸς,	*quadrages.*
πέμπτος,	*quintus.*	πεντηκοστὸς,	*quinquages.*
ἕκτος,	*sextus.*	ἑξηκοστὸς,	*sexagesimus.*
ἕβδομος,	*septimus.*	ἑβδομηκοστὸς,	*septuages.*
ὄγδοος,	*octavus.*	ὀγδοηκοστὸς,	*octogesimus.*
ἔννατος,	*nonus.*	ἐννενηκοστὸς,	*nonagesim.*

Ἑκατοστὸς, *centesimus ;* χιλιοστὸς, *millesimus ;* μυριοστὸς, *decies millesimus.*

Les autres nombres sont composés de ceux-ci.

Il y en a encore d'autres en αῖος, comme τριταῖος, *tertianus;* τεταρταῖος, *quartanus;* πεμπταῖος, *quintanus,* etc.

Tous ces noms sont des adjectifs de trois terminaisons et de la troisième déclinaison.

CHAPITRE IV.

DES PRONOMS.

D. *Déclinez les pronoms primitifs.*

De la première personne.	De la seconde personne.	De la troisième personne.
R. SINGULIER.	SINGULIER.	SINGULIER.
N. ἐγὼ, *ego.*	σὺ, *tu.*	*
G. ἐμοῦ.	σοῦ.	οὗ, *suî.*
D. ἐμοὶ.	σοὶ.	οἷ.
A. ἐμὲ.	σὲ.	ἓ.
DUEL.	DUEL.	DUEL.
N. νὼ, *nos duo.*	σφὼ.	σφὲ.
G. νῶν.	σφῶν.	σφὶν.
PLURIEL.	PLURIEL.	PLURIEL.
N. ἡμεῖς.	ὑμεῖς, *vos.*	σφεῖς.
G. ἡμῶν.	ὑμῶν.	σφῶν.
D. ἡμῖν.	ὑμῖν.	σφίσι.
A. ἡμᾶς.	ὑμᾶς.	σφᾶς.

On dit aussi μοῦ, μοὶ, μὲ pour ἐμοῦ, etc. Et même γὼ au nominatif.

Le pronom de la troisième personne n'a point de nominatif singulier, non plus qu'en latin.

On est quelquefois bien longtemps avant que de pouvoir distinguer ἡμεῖς, *nos*, d'avec ὑμεῖς, *vos*. Pour le faire aisément, remarquez que la figure de la première lettre du grec est semblable à celle de la première lettre du latin; η, *n*, *nos*; υ, *v*, *vos*.

D. *Quels sont les pronoms possessifs?*

R. ἐμὸς, *meus.*	ἡμέτερος, *noster.*
σὸς, *tuus.*	ὑμέτερος, *vester.*
ὃς, *suus.*	σφέτερος, *suus ipsorum.*

Il y en a encore deux moins usités : νωΐτερος, *noster duorum;* σφωΐτερος, *vester duorum.*

Ces pronoms se forment du génitif des primitifs, comme de ἐμοῦ, *mei;* ἐμὸς, *meus.*

Les possessifs sont des adjectifs de trois terminaisons et de la troisième déclinaison : ἐμὸς, ἐμὴ, ἐμὸν, *meus, mea, meum,* etc.

D. *Déclinez le pronom démonstratif* οὗτος, *hic, hæc, hoc.*

R.   SINGULIER.

Nom.	οὗτος,	αὕτη,	τοῦτο.
Gén.	τούτου,	ταύτης,	τούτου.
Dat.	τούτῳ,	ταύτῃ,	τούτῳ.
Acc.	τοῦτον,	ταύτην,	τοῦτο.

DUEL.

Nom.	τούτω,	ταύτα,	τούτω.
Gén.	τούτοιν,	ταύταιν,	τούτοιν.

PLURIEL.

Nom.	οὗτοι,	αὗται,	ταῦτα.
Gén.	τούτων,	τούτων,	τούτων.
Dat.	τούτοις,	ταύταις,	τούτοις.
Acc.	τούτους,	ταύτας,	ταῦτα.

D. *Déclinez le pronom relatif.*

ὅς, *qui, quæ, quod.*	αὐτός, *ipse, a, um.*
R. SINGULIER.	R. SINGULIER.
N. ὅς, ἥ, ὅ.	N. αὐτός, αὐτή, αὐτό.
G. οὗ, ἧς, οὗ, etc.	G. αὐτοῦ, αὐτῆς, αὐτοῦ, etc.

Ces deux pronoms se déclinent comme les adjectifs de la troisième déclinaison. Ils sont réguliers en tout, excepté les trois cas semblables du neutre singulier qui sont en ο et non pas en ον.

D. *Déclinez le pronom indéfini* τὶς ?

R.   SINGULIER.

Nom.	τὶς, *aliquis;*	τὶ, *aliquid.*
Gén.	τινὸς,	τινὸς, etc.

Ce pronom est régulier et se décline comme les adjectifs de deux terminaisons, et par conséquent de la cinquième déclinaison. Il est aussi interrogatif, τίς, *quis?* τί, *quid?* génitif τίνος.

Il y a encore un autre indéfini pour le singulier, δεῖνα, *quidam, quædam, quoddam,* de tout genre et indéclinable. On le décline quelquefois, génitif δείναΤος, datif δείνατι: ou bien nominatif masculin δεὶς, génitif, de tout genre, δεῖνος, datif δεῖνι.

D. *Quels sont les trois pronoms composés primitifs?*

R.   Les voici :

Gén.   ἐμαυτοῦ,   ἐμαυτῆς,   ἐμαυτοῦ,   *mei ipsius.*
Gén.   σεαυτοῦ,   σεαυτῆς,   σεαυτοῦ,   *tui ipsius.*
Gén.   ἑαυτοῦ,   ἑαυτῆς,   ἑαυτοῦ,   *sui ipsius.*

Ces trois pronoms sont composés de l'accusatif des trois primitifs ἐμὲ, σὲ, ἓ, et du relatif αὐτός. Ils n'ont point de nominatif, et se déclinent comme αὐτὸς pour les trois genres : datif ἐμαυτῷ, ἐμαυτῇ, ἐμαυτῷ, etc.

Les deux premiers n'ont que le singulier. Le pluriel du troisième ἑαυτῶν, etc., sert pour les deux autres.

D. *Déclinez le composé* ὅστις, *quicumque.*

R.   SINGULIER.

Nom.   ὅστις,   ἥτις,   ὅ,τι,   *quic., quæc., quodc.*
Gén.   οὗτινος,   ἧστινος,   οὗτινος,   etc.

Ce pronom est composé de ὅς, *qui*, et de τὶς, *quis, qui, quis, quisquis.* Ces deux pronoms se déclinent ensemble : datif ᾧτινι, ᾗτινι, ᾧτινι, etc.

Lorsqu'on repassera les déclinaisons, il sera bon d'accoutumer les enfants à décliner l'article avec les noms. Comme ὁ λόγος, τοῦ λόγου, etc., ἡ μοῦσα, τῆς μούσης, etc.; τὸ ξύλον, τοῦ ξύλου, etc.

On peut quelquefois en classe leur faire décliner un nom par écrit, sans leur permettre de consulter le livre; cette espèce de composition leur sera très-utile.

CHAPITRE V.

DES PRÉPOSITIONS.

D. *Combien y a-t-il en grec de prépositions?*

R. Il y a en grec dix-huit prépositions, dont six ne sont que d'une syllabe, et douze sont de deux syllabes.

D. *Quelles sont les six prépositions monosyllabiques?*

R. Les six prépositions monosyllabiques sont :

ἐν, in, *datif.*	πρὸ, ante, *génitif.*
εἰς, in, ad, *accusatif.*	πρὸς, ad, *accusatif.*
ἐκ *ou* ἐξ, ex, *génitif.*	σὺν, cum, *datif.*

On met ἐκ devant une consonne, et ἐξ devant une voyelle.

D. *Comment divisez-vous les douze prépositions dissyllabiques, et quelles sont-elles?*

R. Les prépositions dissyllabiques se divisent suivant leurs terminaisons.

Cinq sont en α.	*Quatre en* ι.
ἀνὰ, per, *acc.*	ἀντὶ, pro, vice, *gén.*
διὰ, per, *gen. acc.*	ἀμφὶ, circum, *gén. acc.*
κατὰ, secundùm, *acc.*	ἐπὶ, super, in, sub, *g. acc.*
μετὰ, cum, *gén.*	περὶ, circa, de, *gén.*
παρὰ, ultra, *acc.*	*Deux en* o.
Une en ερ.	ἀπὸ, à, ab, *gén.*
ὑπὲρ, super, pro, *gén. acc.*	ὑπὸ, sub, *gén. acc.*

Quoique nous ayons marqué ici les cas que régissent ces prépositions, il n'est pas nécessaire que les enfants apprennent ces régimes par cœur. Cela ne ferait que les troubler ; et ils ne les retiendraient pas.

Ces dix-huit prépositions ont encore plusieurs autres significations et régimes, que l'on apprendra dans la suite.

CHAPITRE VI.

CONJUGAISON

DU VERBE SUBSTANTIF

Εἰμὶ, *Sum.*

*D. Conjuguez l'indicatif d'*εἰμὶ.

R.   INDICATIF.

PRÉSENT.

Sing. εἰμὶ, εἶς ou εἶ, ἐστὶ. Sum, es, est.
Duel.   ἐστὸν, ἐστὸν.
Plur. ἐσμὲν, ἐστὲ, εἰσὶ. Sumus, estis, sunt.

IMPARFAIT.

Sing. ἦν, ἦς, ἦ ou ἦν. Eram, as, at.
Duel.   ἦτον, ἤτην.
Plur. ἦμεν, ἦτε, ἦσαν. Eramus, atis, ant.

PLUS-QUE-PARFAIT.

Sing. ἤμην, ἦσο, ἦτο. Fueram, eras, erat.
Duel. ἤμεθον, ἦσθον, ἤσθην.
Plur. ἤμεθα, ἦσθε, ἦντο.

FUTUR.

Sing. ἔσομαι, ἔσῃ, ἔσεται. Ero, is, it.
Duel. ἐσόμεθον, ἔσεσθον, ἔσεσθον.
Plur. ἐσόμεθα, ἔσεσθε, ἔσονται.

D. *Conjuguez les autres modes.*

R. SUBJONCTIF.

PRÉSENT.

Sing. ὦ, ᾖς, ᾖ. Sim, sis, sit.
Duel. ᾖτον, ᾖτον.
Plur. ὦμεν, ᾖτε, ὦσι.

OPTATIF.

PFÉSENT.

Sing. εἴην, εἴης, εἴη. Essem, es, et.
Duel. εἴητον, εἰήτην.
Plur. εἴημεν, εἴητε, εἴησαν.

FUTUR.

Sing. ἐσοίμην, ἔσοιο, ἔσοιτο. Sim, sis, sit.
Duel. ἐσοίμεθον, ἔσοισθον, ἐσοίσθην.
Plur. ἐσοίμεθα, ἔσοισθε, ἔσοιντο.

IMPÉRATIF.

PRÉSENT.

Sing. ἴσθι ou ἔσο, ἔστω. Esto tu, esto ille.
Duel. ἔστον, ἔστων.
Plur. ἔστε, ἔστωσαν. Este, sunto.

INFINITIF.

PRÉSENT. εἶναι, esse.   FUTUR. ἔσεσθαι, fore.

D. *Combien* εἰμὶ *a-t-il de participes ?*

R. Le verbe εἰμὶ a deux participes.

Le présent,	ὤν,	οὖσα,	ὄν.
Génitif,	ὄντος,	οὔσης,	ὄντος.
Le futur,	ἐσόμενος,	ἐσομένη,	ἐσόμενον.
Génitif,	ἐσομένου,	ἐσομένης,	ἐσομένου.

Ces participes se déclinent comme les adjectifs. Le féminin est de la seconde déclinaison : le masculin et le neutre du participe du présent sont de la cinquième : le masculin et le neutre du participe du futur sont de la troisième.

Les Latins n'ont point le participe du présent *étant ;* mais seulement celui du futur, *futurus, futura, futurum.*

RACINES GRECQUES.

Lorsque les enfants récitent ces racines, il faut les accoutumer à dire toujours le génitif des substantifs, et les différents genres des adjectifs. Ainsi en récitant ils ne doivent point dire : βύας, *bubo ;* ἀγαθὸς, *bonus :* mais βύας, βύου, *bubo ;* ἀγαθὸς, ἀγαθὴ, ἀγαθὸν, *bonus.* Par là ils se formeront insensiblement aux inflexions grecques, et ils discerneront aisément de quelle déclinaison, et souvent même de quel genre est le nom qu'ils prononcent.

I. DÉCLINAISON.

ας, ης, masculin. Génitif ου.

ας.

Βορέας,	Boreas,	*Le vent du nord.*
βύας,	bubo,	*le hibou.*
πάππας,	pater,	*le père.*
ταμίας,	promus,	*le maître d'hôtel.*

ης

Ἀΐδης ou ἄδης,	orcus, inferi,	*l'enfer.*
ἀράχνης,	araneus,	*l'araignée.*
Ἑρμῆς,	Mercurius,	*Mercure.*
καβάλλης,	caballus,	*un cheval, une rosse.*
λάγνης,	lascivus,	*dissolu.*

της

Αὐθέντης,	dominus,	*maître.*
ἔτης,	socius,	*compagnon.*
ἱκέτης,	supplex,	*suppliant.*
ἴτης,	temerarius,	*téméraire.*
χάρτης,	charta,	*le papier.*

II. DÉCLINAISON.

ο, η, féminin. Génitif ης.

α, génitif ης.

Ἄελλα,	procella,	*l'orage.*
Αἶσα,	Parca,	*la Parque, le Destin.*
ἄμαλλα,	manipulus,	*une poignée; une com- pagnie de soldats.*
ἄμαξα,	currus,	*un char.*
ἄμιλλα,	certamen,	*le combat.*
γλῶσσα,	lingua,	*la langue.*
δίψα,	sitis,	*la soif.*
θάλασσα,	mare,	*la mer.*
θύελλα,	procella,	*la tempête.*
κνίσσα,	nidor,	*forte odeur.*
κόλλα,	gluten,	*colle, gru.*
λύσσα,	rabies,	*la rage.*
μέλισσα,	apis,	*l'abeille.*
μέριμνα,	cura,	*soin, souci.*
μοῦσα,	musa,	*la muse.*
πέζα,	planta pedis,	*la plante des pieds.*
πεῖνα,	fames,	*faim, famine.*
πίσσα,	pix,	*la poix.*
πτέρνα,	calx, perna,	*le talon; le jambon.*

ῥίζα,	radix,	*la racine.*
τόλμα,	audacia,	*l'audace.*
τράπεζα,	mensa,	*la table.*
τρύπα,	foramen,	*le trou.*
χάλαζα,	grando,	*la grêle.*

η, génitif ης.

ἀγέλη,	grex,	*le troupeau.*
αἴγλη,	fulgor,	*l'éclat, la splendeur.*
αἰχμή ,	cuspis,	*la pointe.*
ἀκή,	acumen,	*la pointe de quelque chose.*
ἀκμή,	cuspis, vigor,	*la pointe, la force.*
ἀκόνη,	cos,	*pierre à aiguiser.*
ἀκτή,	littus,	*le rivage.*
ἀλκή,	robur,	*la force, la vigueur.*
ἀνάγκη,	necessitas,	*la nécessité.*
ἀρετή,	virtus,	*la vertu.*
ἀρχή,	principium,	*la source, le commence-* *ment.*
ἀσβόλη,	fuligo,	*la suie.*
αὐγή,	splendor,	*l'éclat, la lueur.*
αὐδή,	vox,	*la voix.*
αὐλή,	aula,	*la cour, le palais.*
βουλή,	consilium,	*le conseil, l'assemblée.*
βροντή,	tonitru,	*le tonnerre.*
γαλήνη,	serenitas,	*le beau temps.*
γῆ ou γαῖα,	terra,	*la terre.*
γλήνη,	pupilla,	*la prunelle de l'œil.*
δάφνη,	laurus,	*le laurier.*
δείλη ,	pomeridianum tempus,	*l'après-midi.*
δέρη,	cervix,	*le cou.*

δίκη,	jus,	le droit, la justice.
δίνη,	vortex,	gouffre, tourbillon.
ἐγγύη,	sponsio,	promesse, engagement.
εἰρήνη,	pax,	la paix.
ἑορτὴ,	festum,	jour de fête.
ἕρση,	ros,	la rosée.
εὐνὴ,	cubile,	le lit.
ζύμη,	fermentum,	levain, ferment.
θηλὴ,	papilla,	teton, mamelle.
θωὴ,	damnum,	dommage, perte.
κεφαλὴ,	caput,	la tête.
κνήμη,	tibia,	os antérieur de la jambe.
κόγχη,	concha,	la coquille.
κοίτη,	lectus,	le lit.
κόμη,	coma,	la chevelure.
κορυφὴ,	apex,	le sommet, la cime.
κορώνη,	coronis,	la fin, le bout.
κριθὴ,	hordeum,	l'orge.
κώμη,	pagus,	village, hameau.
κώπη,	remus, capulus,	la rame, la poignée, le manche.
λάχνη,	lanugo,	poil follet.
λεκάνη,	pelvis,	le bassin.
λέσχη,	sermocinatio,	conversation.
λίμνη,	stagnum,	étang.
λύμη,	lues,	peste, contagion.
λύπη,	molestia,	ennui, chagrin.
λώβη,	injuria,	injure, affront.
μασχάλη,	axilla,	l'aisselle.
μήνη,	luna,	la lune.
μηχανὴ,	machina,	une machine.

μύλη,	mola,	une meule de moulin.
νάρκη,	torpedo,	engourdissement.
νύμφη,	sponsa,	fiancée.
ὀδύνη,	dolor,	douleur, peine.
ὀθόνη,	linteum,	linge, serviette.
οἴμη,	via,	le chemin.
ὀμίχλη,	nebula,	brouillard, nuée.
ὀπὴ,	foramen,	trou.
ὁρμὴ,	impetus,	impétuosité, violence.
ὄχθη,	ripa,	le bord, la rive.
παλάμη,	palma,	la paume de la main.
πάλη,	lucta,	la lutte.
πάχνη,	pruina,	la gelée blanche.
πέδη,	pedica,	lacet, collet.
περόνη,	sura,	os postérieur de la jambe.
πηγὴ,	fons,	fontaine, source.
πιμελὴ,	pinguedo,	la graisse.
πλάνη,	error,	erreur, égarement.
ποινὴ,	pœna,	la peine, la punition.
πύλη,	porta,	la porte.
ῥίνη,	lima,	la lime.
σκηνὴ,	tabernaculum,	la tente, le pavillon.
σπάθη,	spathula,	spatule.
σπιθαμὴ,	palmus, spithama,	le palme, l'empan.
στήλη,	cippus,	une butte, une colonne.
συκῆ,	ficus,	le figuier, la figue.
σύλη,	præda,	la proie, le butin.
σύρβη,	turba,	la troupe, la foule.
σφενδόνη,	funda,	la fronde.
σχολὴ,	otium, le loisir;	schola, l'école.
τέχνη,	ars,	l'art.

τρύγη,	vindemia,	*la vendange.*
ὕλη,	materia, *la matière;* sylva, *la forêt.*	
ὑπήνη,	barba,	*la barbe.*
φυλὴ,	tribus,	*la tribu.*
φωνὴ,	vox,	*la voix.*
χαίτη,	juba,	*le crin du cheval.*
χλεύη,	risus,	*le rire.*
χολὴ,	bilis,	*la bile, la colère.*
χορδὴ,	chorda,	*la corde.*
ψυχὴ,	anima,	*l'âme.*
ὠλένη,	ulna,	*l'aune.*

α pur, génitif ας.

ἀγυιὰ,	vicus,	*le bourg, la rue.*
αἰκία,	plaga,	*la plaie.*
αἰτία,	causa,	*la cause.*
ἀνία,	tristitia,	*la tristesse, l'ennui.*
βία,	vis,	*la force, la violence.*
γαῖα ou γῆ,	terra,	*la terre.*
γραῖα,	anus, vetula,	*la vieille.*
γωνία,	angulus,	*l'angle.*
δεξιὰ,	dextra,	*la droite.*
ἐλαία,	oliva,	*l'olive.*
ἑστία,	focus,	*le foyer.*
εὐδία,	serenitas,	*temps serein.*
εὐωχία,	epulæ,	*festin.*
ζημία,	jactura,	*perte, dommage.*
καρδία,	cor,	*le cœur.*
καρύα,	nux,	*le noyer, la noix.*
κοιλία,	venter,	*le ventre.*
λεία,	præda,	*le butin, la proie.*

μυῖα,	musca,	la mouche.
παρειὰ,	gena,	la joue.
πόα,	herba,	l'herbe.
σκιὰ,	umbra,	l'ombre.
φρατρία,	sodalitium,	confrérie.
χρεία,	usus,	l'usage.
χρόα,	color,	la couleur.

ρα, génitif ρας.

ἄγκυρα,	ancora,	l'ancre.
ἀγορὰ,	forum,	le marché.
ἄγρα,	captura,	capture, prise.
αἴθρα,	serenitas,	beau temps.
ἀρὰ,	preces, *prières*; diræ, *imprécations*.
αὖρα,	aura,	vent doux.
βορὰ,	esca,	aliment.
γέφυρα,	pons,	le pont.
ἔρα,	terra,	la terre.
ἡμέρα,	dies,	le jour.
θύρα,	janua,	la porte.
κιθάρα,	cithara,	la harpe.
λίτρα,	libra,	la livre.
λύρα,	lyra,	la lyre.
ὀπώρα,	autumnus,	automne.
οὐρὰ,	cauda,	la queue.
πεῖρα,	conatus,	l'effort.
περιστερὰ,	columba,	la colombe.
πλευρὰ,	latus,	le côté.
πορφύρα,	purpura,	la pourpre.
πρώρα,	prora,	la proue.

σειρὰ,	catena,	la chaîne.
σπεῖρα,	spira,	tour en spirale, échelle,
σφαίρα,	sphæra,	la sphère.
σφύρα,	malleus,	le marteau.
τέφρα,	cinis,	la cendre.
ὥρα,	hora,	l'heure.
ὥρα,	cura,	le soin.

θα, génitif θας.

| Ἄκανθα, | spina, | l'épine. |

III. DÉCLINAISON.

ος, masc., fém., commun ; ον, neutre. Génitif ου.

ος masculin.

Ἀγρὸς,	ager,	le champ.
ἀδελφὸς,	frater,	le frère.
ἀετὸς,	aquila,	l'aigle.
ἆθλος,	certamen,	le combat.
αἰγιαλὸς,	littus,	le rivage.
αἶνος,	laus,	la louange.
ἀμνὸς,	agnus,	l'agneau.
ἄνεμος,	ventus,	le vent.
ἀνεψιὸς,	consobrinus,	cousin germain du côté de la mère.
ἄνθρωπος,	homo,	l'homme.
ἄργυρος,	argentum,	l'argent.
ἀριθμὸς,	numerus,	le nombre.
ἄρτος,	panis,	le pain.
ἀσκὸς,	uter, utris,	l'outre.
ἀτμὸς,	halitus,	haleine.

αὐλὸς,	tibia,	*la flûte.*
αὐχμὸς,	siccitas,	*la sécheresse.*
ἄφενος,	divitiæ,	*les richesses.*
ἀφρὸς,	spuma,	*l'écume.*
βαῦνος,	fornax,	*la fournaise.*
βηλὸς,	limen,	*le pas, le seuil de la porte.*
βίος,	vita,	*la vie.*
βόθρος,	fovea,	*la fosse.*
βόμβος,	bombus,	*le bourdonnement.*
βόρβορος,	cœnum,	*le bourbier.*
βουνὸς,	collis,	*la colline.*
βροτὸς,	mortalis,	*mortel.*
βρότος,	sanies, cruor, *sanie, sang corrompu.*	
βρόχος,	laqueus,	*collet, piége.*
βυθὸς,	fundum,	*le fond.*
βωμὸς,	ara,	*l'autel.*
γαμβρὸς,	gener,	*le gendre.*
γνόφος,	caligo,	*l'obscurité.*
γόμφος,	cuneus,	*le coin.*
γρῖπος,	rete,	*le filet.*
γυμνὸς,	nudus,	*nu.*
δάκτυλος,	digitus,	*le doigt.*
δῆμος,	populus,	*le peuple.*
δημὸς,	adeps,	*la graisse.*
δοῦλος,	servus,	*le serviteur.*
ἑκυρὸς,	socer,	*le beau-père.*
ἔλεος,	misericordia,	*la compassion.*
ἐνιαυτὸς,	annus,	*l'année.*
ἕσπερος,	vesper,	*le soir.*
ἑταῖρος,	sodalis,	*le compagnon.*
ζῆλος,	zelus,	*le zèle.*

ζόφος,	caligo,	les ténèbres.
ἥλιος,	sol,	le soleil.
ἧλος,	clavus,	clou, cheville.
ἦχος,	sonus,	le son.
θάλαμος,	thalamus,	lit nuptial.
Θεὸς,	Deus,	Dieu.
θεσμὸς,	lex,	la loi.
θεωρὸς,	spectator,	le spectateur.
θησαυρὸς,	thesaurus,	le trésor.
θόρυβος,	tumultus,	le tumulte.
θρῆνος,	fletus,	les pleurs.
θρίαμβος,	triumphus,	le triomphe.
θυμὸς,	animus,	esprit, courage.
ἰξὸς,	viscum,	le gui, la glu.
ἰὸς,	missile,	le trait, la flèche.
ἵππος,	equus,	le cheval.
ἴσος,	æqualis,	pareil, égal.
καιρὸς,	tempus,	le temps.
κάλαμος,	calamus,	le roseau, la plume.
κάμινος,	caminus,	cheminée, foyer.
κάπηλος,	caupo,	cabaretier.
καπνὸς,	fumus,	la fumée.
κάπρος,	aper,	le sanglier.
κάρος,	sopor,	assoupissement.
καρπὸς,	fructus,	le fruit.
καυλὸς,	caulis,	tige, chou.
κέλαδος,	strepitus,	le bruit.
κέραμος,	terra figularis,	terre à potier.
κεραυνὸς,	fulmen,	la foudre.
κέρκος,	cauda,	la queue.
κῆπος,	hortus,	le jardin.

κηρὸς,	cera,	la cire.
κίνδυνος,	periculum,	le danger.
κλάδος,	ramus,	la branche.
κλῆρος,	sors,	le sort.
κόλπος,	sinus,	le sein.
κόσμος,	mundus,	le monde.
κρημνὸς,	præcipitium,	le précipice.
κριὸς,	aries,	le bélier.
κρουνὸς,	scatebra,	source d'eau.
κρύσταλλος,	glacies,	la glace.
κύαθος.	cyathus,	gobelet, tasse.
κύαμος,	faba,	la fève.
κύκλος,	circulus,	le cercle.
κώρυκος,	pera,	le sac, la poche.
κωφὸς,	surdus,	sourd.
λαιμὸς,	guttur,	le gosier, la gorge.
λάκκος,	fossa,	la fosse.
λαὸς,	populus,	le peuple.
λῆρος,	nugæ,	badineries, bagatelles.
λίβανος,	thus,	l'encens.
λιμὸς,	fames,	faim, famine.
λοίδορος,	conviciator,	celui qui injurie.
λοιμὸς,	pestis,	la peste.
λόχος,	cohors,	cohorte, régiment.
λύκος,	lupus,	le loup.
λύχνος,	lucerna,	la lampe.
μάγειρος,	coquus,	cuisinier.
μάγος,	magus,	mage, magicien.
μαζὸς,	mamma,	mamelle.
μαλλὸς,	vellus,	la toison.
μηρὸς,	femur,	la cuisse.

μισθὸς,	merces,	récompense.
μόλιϐδος,	plumbum,	le plomb.
μόσχος,	vitulus,	le veau.
μόχθος,	labor,	le travail.
μυελὸς,	medulla,	la moëlle.
μῦθος,	verbum,	mot, parole.
μυχὸς,	penetrale,	l'intérieur, lieu secret.
νάνος,	nanus,	nain.
ναὸς,	templum,	le temple.
νεϐρὸς,	hinnulus,	petit mulet.
νεκρὸς,	mortuus,	mort.
νεοσσὸς,	pullus,	poulet.
νεφρὸς,	ren,	le rein.
νόμος,	lex,	la loi.
νόος et νοῦς,	mens,	l'esprit.
νῶτος,	dorsum	le dos.
ὀϐελὸς,	veru,	la broche.
ὄγκος,	tumor,	tumeur, enflure.
οἶκος,	domus,	la maison.
οἶκτος,	commiseratio,	commisération, pitié.
οἶνος,	vinum,	le vin.
οἰωνὸς,	avis,	l'oiseau.
ὄκνος,	pigritia,	la paresse.
ὄλϐος,	felicitas,	félicité, bonheur.
ὄλισθος,	lapsus,	chute.
ὄμϐρος,	imber,	la pluie.
ὄμηρος,	obses,	l'ôtage.
ὄμιλος,	cœtus,	l'assemblée.
ὄρθρος,	diluculum,	le point du jour.
ὅρκος,	juramentum,	le serment.
ὅρμος,	portus,	le port.

ὅρος,	terminus,	*terme, borne.*
ὀρφανὸς,	orphanus,	*orphelin.*
οὐρανὸς,	cœlum,	*le ciel.*
ὀχετὸς,	canalis,	*le canal.*
ὄχλος,	multitudo,	*la multitude.*
ὄχος,	currus,	*le char.*
πάσσαλος,	paxillus,	*un petit pieu.*
πενθερὸς,	socer,	*le beau-père.*
πέτρος,	petra,	*pierre, rocher.*
πίθος,	dolium,	*tonneau.*
πῖλος,	pileus,	*bonnet, chapeau.*
πίνος,	sordes,	*ordure, saleté.*
πλοῦτος,	divitiæ,	*richesse.*
πόθος,	desiderium,	*le désir.*
πόλεμος,	bellum,	*la guerre.*
πόντος,	pontus,	*la mer.*
ποταμὸς,	fluvius,	*le fleuve.*
πύργος,	turris,	*la tour.*
πυρὸς,	frumentum,	*le froment.*
πῶρος,	luctus,	*l'affliction, le deuil.*
πωρὸς,	cæcus,	*aveugle.*
ῥάφανος,	raphanus.	*le raifort.*
ῥάθος,	strepitus,	*le bruit.*
ῥοῖζος,	stridor,	*bruit perçant.*
ῥυθμὸς,	rhythmus,	*nombre, cadence.*
σάλος,	salum,	*la mer.*
σίδηρος,	ferrum,	*le fer.*
σῖτος,	frumentum,	*froment.*
σκότος,	tenebræ,	*les ténèbres.*
σπῖλος,	macula,	*la tache.*
σπόγγος,	spongia,	*l'éponge.*

σποδὸς,	cinis,	la cendre.
σταυρὸς,	crux,	la croix.
στρατὸς,	exercitus	l'armée.
στύλος,	columna,	la colonne.
σωρὸς,	acervus,	le monceau.
ταῦρος,	taurus,	le taureau.
τιτθὸς,	mamma,	la mamelle.
τοῖχος,	murus,	le mur.
τόπος,	locus,	le lieu.
τράγος,	hircus,	le bouc.
τράχηλος,	collum,	le cou.
τύλος,	callus,	calus, durillon.
τύμβος,	bustum,	bucher, tombeau.
τύραννος,	tyrannus,	tyran.
τυρὸς,	caseus,	fromage.
υἱὸς,	filius,	le fils.
ὕπνος,	somnus,	le sommeil.
φόνος,	invidia,	l'envie.
φλοιὸς,	cortex,	l'écorce.
φόρτος,	onus,	fardeau, poids.
χαλινὸς,	frænum,	mors, frein.
χαλκὸς,	æs,	l'airain, le bronze.
χῆρος,	viduus,	veuf.
χιλὸς,	pabulum, cibus,	nourriture.
χοῖρος,	porcus,	un porc.
χορὸς,	chorus,	le chœur.
χόρτος,	fœnum,	le foin.
χρόνος,	tempus,	le temps.
χρυσὸς,	aurum,	l'or.
χυλὸς,	succus,	le suc, la sève.
χύτρος,	olla,	pot, marmite.

χῶρος,	ager, locus,	*champ, lieu.*
ψόλος,	flamma,	*la flamme.*
ψόφος,	fragor,	*fracas.*
ψωλὸς,	titio,	*le tison.*
ψωμὸς,	buccella,	*petite bouchée.*
ὠκεανὸς,	oceanus,	*l'océan.*
ὦμος,	humerus,	*l'épaule.*

ος, féminin.

ἄμπελος,	vitis,	*la vigne.*
βάλανος,	glans,	*le gland.*
βάσανος,	tormentum,	*tourment.*
βίϐλος,	liber,	*un livre.*
βύσσος,	byssus,	*lin très-fin.*
βῶλος,	gleba,	*motte de terre.*
γνάθος,	maxilla,	*la mâchoire.*
κιϐωτὸς,	arca,	*boîte.*
νῆσος,	insula,	*l'île.*
νόσος,	morbus,	*la maladie.*
ὁδὸς,	via,	*le chemin.*
πῖνος,	pinus,	*le pin.*
πλίνθος,	later,	*la brique.*
ῥάϐδος,	virga,	*la verge.*
τίτανος,	calx,	*la chaux.*
φωλεὸς,	latibulum,	*retraite, antre.*
ψάμμος,	arena,	*le sable.*
ψῆφος,	lapillus,	*petit caillou.*

ος, commun.

| ἀγέρωχος, | superbus, | *orgueilleux.* |
| ἀκόλουθος, | comes, | *compagnon.* |

δίδυμος,	geminus,	*jumeau.*
ἔλαφος,	cervus,	*le cerf.*
ἐπίκουρος,	auxiliator,	*auxiliaire.*
ἤπιος,	clemens,	*clément.*
λίθος,	lapis,	*la pierre.*
ὄνος,	asinus,	*âne.*
παρθένος,	virgo,	*vierge.*
πηλὸς,	lutum,	*boue, bourbier.*
ψίθυρος,	susurrus,	*petit murmure.*

ον, neutre.

ἄγκιστρον,	hamus,	*hameçon.*
ἄλφιτον,	farina,	*farine.*
ἄντρον,	antrum,	*antre, caverne.*
ἄρθρον,	articulus, *article;*	artus, *membre.*
ἄριστον,	prandium,	*dîner, repas.*
ἄωτον,	flos,	*la fleur.*
βαλανεῖον,	balneum,	*le bain.*
βλέφαρον,	palpebra,	*la paupière.*
δάπεδον,	pavimentum,	*le pavé.*
δεῖπνον,	cœna,	*le souper.*
δένδρον,	arbor,	*l'arbre.*
δίκτυον,	rete,	*le filet.*
δόρπον,	cœna,	*le souper.*
ἔργον,	opus,	*l'ouvrage.*
θέμηλον,	fundamentum,	*le fondement.*
ἴον,	viola,	*la violette.*
κάρηνον,	caput,	*la tête.*
κᾶλον,	lignum,	*le bois.*
κόλον,	cibus,	*la nourriture.*

κρίνον,	lilium,	*le lis.*
κῶλον,	membrum,	*le membre.*
λίνον,	linum,	*le lin.*
μέταλλον,	metallum,	*le métal.*
μέτρον,	mensura,	*mesure.*
μύρον,	unguentum,	*parfum.*
νεῦρον,	nervus,	*le nerf.*
ξύλον,	lignum,	*le bois.*
ὅπλον,	arma,	*les armes.*
ὄργανον,	instrumentum,	*instrument.*
ὀστέον,	os, ossis,	*os, ossement.*
ὄστρακον,	testa,	*coquille.*
ὄστρεον,	ostreum,	*huître.*
οὖρον,	urina,	*urine.*
ὄψον,	obsonium,	*provision de mets.*
πέδιλον,	calceus,	*soulier.*
πέδον,	terra,	*la terre.*
πηδὸν,	remus,	*rame, aviron.*
πρόβατον,	ovis,	*brebis.*
πτερὸν,	ala,	*l'aile.*
ῥόδον,	rosa,	*la rose.*
σίαλον,	saliva,	*la salive.*
σπάργανον,	fascia,	*bande, bandelette.*
σπλάγχνον,	viscus, eris,	*entrailles.*
στέρνον,	pectus,	*la poitrine.*
τάλαντον,	talentum, libra,	*talent, poids.*
τόξον,	arcus,	*l'arc.*
φάρμακον,	pharmacum,	*remède, médicament.*
φύλλον,	folium,	*une feuille.*
ᾧον,	superior pars domûs,	*le haut de la maison.*
ᾠὸν,	ovum,	*un œuf.*

IV. DÉCLINAISON.

ως mas., fém., commun ; ων et ως neutre. Génitif ω.

ως, masculin.

Κάλως,	rudens,	*cable, cordage.*
λαγὼς,	lepus,	*un lièvre.*

ως, féminin.

ἅλως,	area,	*place, halle.*
γάλως,	glos,	*sœur du mari.*

ων et ως, neutre.

χρεὼν et χρέως,	debitum,	*dette.*

V. DÉCLINAISON.

De toute terminaison et de tout genre. Génitif ος.

α, neutre.

μα, génitif ματος.

Αἷμα,	sanguis,	*le sang.*
ἅρμα,	currus,	*le char.*
ἄρωμα,	aroma,	*aromate, parfum.*
ἕρμα,	fulcrum,	*appuï, soutien.*
κλῆμα,	palmes,	*sarment.*
κῦμα,	fluctus,	*le flot.*
ὄνομα,	nomen,	*le nom.*
σῆμα,	signum,	*signe, marque.*
στόμα,	os, oris,	*la bouche.*
σῶμα,	corpus,	*le corps.*
τέρμα,	terminus,	*terme, borne.*
χεῖμα,	hiems,	*l'hiver.*

χρῆμα,	res,	*chose, affaire.*

λα, génitif λακτος.

γάλα,	lac,	*le lait.*

αρ, neutre, génitif ατος.

ὄελεαρ,	esca,	*aliment.*
κέαρ,	cor,	*le cœur.*
τέκμαρ,	signum,	*signe, signal.*
φρέαρ,	puteus,	*le puits.*

génitif αρος.

ἔαρ,	ver,	*le printemps.*
μάκαρ,	beatus,	*heureux.*

ας, masculin, génitif αντος.

ἐλέφας,	elephas, *l'éléphant;*	ebur, *ivoire.*

ας, féminin, génitif αδος.

ἰκμὰς,	humor,	*eau, vapeur,*

ας, neutre, génitif ατος.

οὖας,	auris,	*l'oreille.*

génitif αος.

σέλας,	fulgor,	*éclat, splendeur.*

αις, masculin, génitif αιδος.

παῖς,	puer,	*enfant.*

αυς, féminin, génitif αος.

ναῦς,	navis,	*le vaisseau.*

ην, masculin, génitif ηνος.

Ἕλλην,	Græcus,	Grec.
μήν,	mensis,	le mois.
σπλήν,	splen,	la rate.

génitif ενος.

αὐχήν,	cervix,	le cou, la tête.
λιμήν,	portus,	le port.
ποιμήν,	pastor,	pasteur, berger.

féminin.

| φρήν, | mens, | l'âme, l'esprit. |

commun.

| ἄῤῥην, | mas, | mâle. |

ηρ, génitif ηρος.

masculin.

| θήρ, | fera, | bête sauvage. |
| μυκτήρ, | naris, | narine. |

féminin.

| κήρ, | sors, | sort, destin. |

neutre.

| ἦρ, *pour* ἔαρ, ver, | | le printemps. |
| κῆρ, *pour* κέαρ, cor, | | le cœur. |

génitif ερος.

masculin.

ἀήρ,	aer,	l'air.
ἀθήρ,	spica,	l'épi.
αἰθήρ,	æther,	le haut de l'air.
ἀστήρ,	stella,	l'étoile.

τηρ, génitif τερος, syncope τρος.

féminin.

γαστὴρ,	venter,	*le ventre, l'estomac.*
θυγάτηρ,	filia,	*la fille.*
μήτηρ,	mater,	*la mère.*

masculin.

πατὴρ,	pater,	*le père.*
ἀνὴρ,	vir,	*l'homme.*

génitif ἀνέρος, syncope ἀνδρὸς. On ajoute un δ, pour ne pas dire ἀνρὸς, ce qui serait trop dur.

ειρ féminin, génitif ειρος.

χεὶρ,	manus,	*la main.*

ης, masculin, génitif ητος.

θὴς,	mercenarius,	*mercenaire, valet.*
λέϐης,	lebes,	*chaudière, casserole.*
τάπης,	tapes,	*tapis, tapisserie.*

εις, masculin, génitif ενος.

κτεὶς,	pecten,	*le peigne.*

ι, neutre, génitif ιτος.

μέλι,	mel,	*le miel.*

ιν, génitif ινος.

féminin.

ἀκτὶν,	radius,	*rayon.*
ῥὶν,	naris, *la narine*; nasus,	*le nez.*

commun.

| θὶν, | littus, | *le rivage.* |

ις, féminin, génitif ιδος.

ἀσπὶς,	aspis, *aspic ;*	clypeus, *bouclier.*
ἐλπὶς,	spes,	*l'espérance.*
θέμις,	lex,	*la loi.*
κηλὶς,	macula,	*la tache.*
μῆτις,	consilium,	*conseil, avis.*
νοτὶς,	humor,	*humeur, humidité.*
ῥαπὶς,	virga,	*verge.*
σανὶς,	tabula, asser,	*ais, planche.*
σταφὶς,	uva passa,	*raisin sec.*
σφραγὶς,	sigillum,	*cachet, sceau.*
φροντὶς,	cura,	*soin, souci.*

génitif ιτος.

| χάρις, | gratia, | *grâce, faveur.* |

génitif ιθος, commun.

| ὄρνις, | avis, | *oiseau.* |

υ, neutre, génitif υος.

| δάκρυ, | lacryma, | *larme.* |

génitif ατος.

| γόνυ, | genu, | *le genou.* |
| δόρυ, | hasta, | *javelot, pique.* |

υρ, génitif υρος.

commun.

| μάρτυρ, | testis, | *témoin.* |

neutre.

πῦρ,	ignis,	*le feu.*

υς, féminin, génitif υδος.

χλαμὺς,	chlamys,	*casaque.*

génitif υθος.

χόρυς,	galea,	*casque.*

ους, masculin, génitif οδος.

ποὺς,	pes,	*le pied.*

génitif οντος.

ὀδοὺς,	dens,	*la dent.*

ων, génitif, ωνος masculin.

ἀγκὼν,	cubitus,	*le coude.*
ἀγὼν,	certamen,	*le combat.*
αἰὼν,	sæculum,	*le siècle.*
εἴρων,	dissimulator,	*qui dissimule.*
κώδων,	tintinnabulum,	*clochette.*
λειμὼν,	pratum,	*prairie.*
πώγων,	barba,	*la barbe.*
χιτὼν,	tunica,	*tunique.*

génitif ονος, masculin.

βραχίων,	brachium,	*le bras.*
δαίμων,	dæmon,	*génie, démon.*
κανὼν,	regula,	*la règle.*

féminin.

ἀηδὼν,	luscinia,	*le rossignol.*
ἠϊὼν,	littus,	*le rivage.*

λαγὼν,	ilia,	*les flancs, les intestins.*
σιαγὼν,	maxilla,	*la mâchoire.*
χελιδὼν,	hirundo,	*l'hirondelle.*
χιὼν,	nix,	*la neige.*

commun.

ἀλαζὼν,	jactator,	*présomptueux.*
ἀμύμων,	inculpatus,	*irréprochable.*
γείτων,	vicinus,	*le voisin.*
κίων,	columna,	*la colonne.*
κύων,	canis,	*le chien.*

génitif κυνὸς, comme s'il venait de κύν.

génitif οντος, masculin.

ἀκὼν,	jaculum,	*javelot, dard.*
γέρων,	senex,	*le vieillard.*
δράκων,	draco,	*le dragon.*
ἑκὼν,	voluntarius,	*volontaire.*
θεράπων,	famulus,	*serviteur.*
λέων,	leo,	*le lion.*

ωρ, masculin, genitif ωρος.

| φὼρ, | fur, | *le voleur.* |

génitif ορος.

| ἵστωρ, | peritus, | *intelligent.* |

génitif ατος, neutre.

| ὕδωρ, | aqua, | *l'eau.* |

NOMS TERMINÉS EN DOUBLE CONSONNE.

λς, génitif λος, masculin.

ἅλς, masculin, sal, *le sel.* ἅλς, fém. mare, *la mer.*

ρς, génitif ρνος, commun.

ἄρς,	agnus,	*l'agneau.*

ξ, génitif γος, masculin.

λάρυγξ,	guttur,	*le gosier, la gorge.*

féminin.

μάστιξ,	flagrum,	*le fouet.*
σάλπιγξ,	tuba,	*la trompette.*
στράγξ,	gutta,	*une goutte.*
φάλαγξ,	phalanx,	*la phalange.*

commun.

αἴξ,	capra, *la chèvre ;*	caper, *le bouc.*
φάρυγξ,	guttur,	*le gosier.*

génitif κος, masculin.

ἄνθραξ,	carbo,	*le charbon noir.*
θώραξ,	thorax,	*poitrine.*
κήρυξ,	præco,	*le crieur public.*
κόλαξ,	adulator,	*le flatteur.*
κόραξ,	corvus,	*le corbeau.*
νάρθηξ,	ferula,	*la férule (plante).*
οἴαξ,	temo,	*le timon, le gouvernail.*
πίθηξ,	simius,	*le singe.*
πίναξ,	tabula,	*tablette, planche.*
σκώληξ,	vermis,	*le ver.*
φέναξ,	impostor,	*imposteur.*
φοῖνιξ,	palma,	*le palmier.*

féminin,

ἀλώπηξ,	vulpes,	le renard.
αὖλαξ,	sulcus,	le sillon.
κλίμαξ,	scala,	l'échelle.
λάρναξ,	capsa,	la cassette.
σὰρξ,	caro,	la chair.
φρὶξ,	maris fremitus,	le bruit de la mer.
γυνὴ,	mulier,	la femme.

génitif γυναικὸς, comme si le nominatif était γύναιξ ;
vocatif γύναι.

commun.

μεῖραξ,	puer,	l'enfant.

génitif κτος, masculin.

ἄναξ,	rex,	le roi.

féminin.

νὺξ,	nox.	la nuit.

génitif χος, masculin.

ὄνυξ,	unguis.	l'ongle.

féminin.

βὴξ,	tussis,	la toux.
ψὶξ,	mica,	miette , paillette.
θρὶξ,	pilus,	le poil.

génitif τριχὸς par un τ, afin qu'il n'y ait pas deux syllabes
aspirées.

ψ, génitif πως, masculin.

κώνωψ,	culex,	moucheron, cousin.

féminin.

ὀψ,	vox,	la voix.

génitif βος.

φλὲψ,	vena,	la veine.

N. B. Les noms contractes sont renvoyés à la 3ᵉ partie.

ADJECTIFS DE LA TROISIÈME DÉCLINAISON.

οϛ, η, ον.

Ἀγαθὸς,	bonus,	*bon.*
ἁγνὸς,	castus,	*chaste.*
ἀδινὸς,	densus,	*épais.*
αἱμύλος,	blandus,	*obligeant.*
αἰνὸς,	gravis,	*pesant, grave.*
ἀμαλὸς,	mollis,	*mou, tendre.*
ἀπαλὸς,	tener,	*tendre.*
ἀργὸς,	albus, *blanc;*	piger, *paresseux.*
γυμνὸς,	nudus,	*nu.*
δειλὸς,	timidus,	*timide.*
δεινὸς,	vehemens,	*violent.*
δῆλος,	manifestus,	*manifeste.*
ἕκαστος,	quisque,	*chacun.*
ἔρημος,	desertus,	*désert.*
ἐσθλὸς,	bonus,	*bon.*
ἔσχατος,	ultimus,	*le dernier.*
ἕτοιμος,	paratus,	*prêt.*
ἔτυμος,	verus,	*vrai.*
ἡλίκος,	quantus,	*combien grand.*
ἱκανὸς,	sufficiens,	*suffisant.*
ἴσος,	æqualis,	*égal.*
ἰσχνὸς,	macer,	*maigre.*
καινὸς,	novus,	*nouveau.*
κακὸς,	malus,	*méchant.*
καλὸς,	pulcher,	*beau.*
κενὸς,	vacuus,	*vide.*
κοῖλος,	cavus,	*creux.*

κοινὸς,	communis,	*commun.*
κομψὸς,	festivus,	*enjoué.*
λιτὸς,	simplex,	*simple.*
λοξὸς,	obliquus,	*oblique.*
μαδὸς,	glaber,	*pelé, chauve.*
μανὸς,	laxus,	*large, lâche.*
μέσος,	medius,	*qui est au milieu, ambigu.*
μεστὸς,	plenus,	*plein.*
μόνος,	solus,	*seul.*
ξανθὸς,	flavus,	*jaune.*
ξένος,	peregrinus,	*étranger.*
ὀλίγος,	paucus, parvus,	*peu, petit.*
ὅλος,	totus,	*tout, entier.*
ὁμαλὸς,	planus,	*plein, uni.*
ὁμὸς,	similis,	*semblable.*
ὅσος,	quantus,	*combien grand.*
οὖλος,	integer,	*entier.*
πελὸς,	niger,	*noir.*
ποικίλος,	varius,	*bigarré.*
πρυμνὸς,	extremus,	*le dernier, extrême.*
σεμνὸς,	venerabilis,	*vénérable.*
σοφὸς,	sapiens,	*sage.*
στενὸς,	angustus,	*étroit.*
ταπεινὸς,	humilis,	*humble.*
τυφλὸς,	cæcus,	*aveugle.*
φαῦλος,	vilis,	*vil, méprisable.*
φίλος,	amicus,	*ami.*
χαῦνος,	laxus,	*lâche, débandé.*
χωλὸς,	claudus,	*boiteux.*
ψιλὸς,	tenuis,	*petit.*
ὠμὸς,	crudus,	*cru.*

ος pur, α, ον.

ἅγιος,	sanctus,	saint.
ἀγλαὸς,	splendidus,	brillant.
ἀθρόος,	confertus,	entassé.
ἄξιος,	dignus,	digne.
ἀραιὸς,	rarus,	rare.
ἄρτιος,	par,	pareil.
βέβαιος,	firmus,	ferme, assuré.
θοὸς,	velox,	vite, prompt.
ἴδιος,	proprius,	propre.
κάρσιος,	obliquus,	oblique.
νέος,	novus,	nouveau.
οἶος,	solus,	seul.
οἷος,	qualis,	quel.
ὅσιος,	sanctus,	saint.
πλάγιος,	obliquus,	oblique.
πλέος,	plenus,	plein.
πολιὸς,	canus,	qui a les cheveux blancs.
πότνιος,	venerandus,	vénérable
ῥάδιος,	facilis,	facile.
σόος,	salvus,	sain.
στερεὸς,	solidus,	solide.
ὕπτιος,	supinus,	renversé en arrière.

οος, οη, οον; ou bien ους, η, ουν.

ἁπλόος,	simplex,	simple.
διπλόος,	duplex,	double.

ρος, ρα, ρον.

ἁβρὸς,	delicatus,	délicat.

ἀδρὸς,	densus,	condensé.
ἄκρος,	summus,	le plus haut.
ἀμαυρὸς,	obscurus,	obscur.
ἀριστερὸς,	sinister,	gauche, sinistre.
αὐστηρὸς,	austerus,	austère.
βέλτερος,	melior,	meilleur.
γλισχρὸς,	viscosus,	gluant, visqueux.
δεύτερος,	secundus,	second.
ἑκάτερος,	alteruter,	l'un des deux.
ἐλεύθερος,	liber,	libre.
ἕτερος,	alter,	l'autre.
ἐχυρὸς,	firmus,	ferme, solide.
ζωρὸς,	merus,	pur.
ἱερὸς,	sacer,	sacré.
μωρὸς,	stultus,	insensé.
ξηρὸς,	aridus,	aride, sec.
πικρὸς,	amarus,	amer.
πότερος,	uter,	lequel des deux.
σφοδρὸς,	vehemens,	violent.

Irréguliers.

ος, η, ο.

αὐτὸς,	ipse,	lui-même.
ἄλλος,	alius,	autre.
ἐκεῖνος,	ille,	celui-là.

ADJECTIFS DE LA CINQUIÈME DÉCLINAISON.

υς, εια, υ.

génitif εος.

Αἰπὺς,	altus,	haut.
ἀμβλὺς,	obtusus,	obtus.

βραδὺς,	tardus,	*lent.*
βραχὺς,	brevis,	*court, concis.*
γλυκὺς,	dulcis,	*doux.*
δασὺς,	densus,	*dense.*
δριμὺς,	amarus,	*amer.*
εὐθὺς,	rectus,	*droit, juste.*
ἐὒς et ἠὒς,	bonus,	*bon.*
ἡδὺς,	suavis,	*doux, agréable.*
ἥμισυς,	dimidius,	*demi.*
θῆλυς,	femineus,	*féminin.*
ἰθὺς,	rectus,	*droit, juste.*
ὀξὺς,	acutus,	*aigu.*
παχὺς,	crassus,	*épais, grossier.*
πρέσϐυς,	senex, orator,	*vieillard, orateur.*
ταχὺς,	celer,	*léger, prompt.*
τραχὺς,	asper,	*âpre, rude.*
ὠκὺς,	celer,	*vite, prompt.*

ας, αινα, αν.

génitif ανος.

μέλας,	niger,	*noir.*

ας, ασα, αν.

génitif αντος.

πᾶς,	omnis,	*tout.*

ης, commun; ες, neutre.

génitif εος.

ἀληθὴς,	verus,	*vrai.*

ις, commun; ι neutre.

génitif ινος.

τίς,	quis,	*qui?*

Irréguliers.

μέγας, μεγάλη, μέγα, magnus, a, um, *grand.*
πολὺς, πολλὴ, πολὺ, multus, a, um, *nombreux.*

Génitif, μεγάλου, μεγάλης, μεγάλου; πολλοῦ, πολλῆς, πολλοῦ : comme si le nominatif était μεγάλος, πολλὸς; et ainsi de tous les autres cas : excepté l'accusatif singulier masculin μέγαν, πολὺν; neutre, μέγα, πολύ.

A *privatif,* étant joint à un autre mot, vaut une négation, comme *in* en latin : *doctus, indoctus.*

ADVERBES ET CONJONCTIONS.

Ἄγαν,	valdè,	*fort.*
ἄγχι,	propè,	*près.*
ἄδην,	affatim,	*amplement.*
ἀεὶ,	semper,	*toujours.*
αἶψα,	statim,	*aussitôt.*
ἄλις,	satis,	*assez.*
ἀλλὰ,	sed,	*mais.*
ἅμα,	simul,	*ensemble.*
ἄνευ,	sine,	*sans.*
ἄνω,	supra,	*au-dessus.*
ἅπαξ,	semel,	*une fois.*
ἄρα,	certè,	*certainement.*
ἆρα,	an,	*si.*
ἄρτι,	modo,	*tout à l'heure.*
ἆσσον,	propè,	*près.*
ἀτὰρ,	sed,	*mais.*
ἄτερ,	sine,	*sans.*
αὖ,	rursus,	*derechef.*

αὔριον,	cras,	demain.
ἄψ,	retro,	par derrière.
γὰρ,	enim,	car.
δὲ,	autem,	mais.
δὴ,	sanè,	sans doute.
δὴν,	diu,	longtemps.
δὶς,	bis,	deux fois.
ἐὰν,	si,	si.
ἐγγὺς,	propè,	près.
εἰ,	si,	si.
εἰκῆ,	temerè,	au hasard.
εἶτα,	deindè,	ensuite.
ἑκὰς,	eminus,	de loin.
ἔνδον,	intus,	au dedans.
ἔνδυο,	celeriter,	promptement.
ἕνεκα,	causâ,	à cause.
ἔνθα,	hîc,	ici.
ἐντὸς,	intus,	au dedans.
ἐξῆς,	deinceps,	ensuite.
ἐπεὶ,	postquam,	après que.
ἐπιπολῆς,	in superficie,	à la superficie.
ἔτι,	adhuc,	encore.
ἢ, ἠὲ,	aut, vel,	ou.
ἠδὲ,	et, etiam,	et, aussi.
ἤδη,	jam, mox,	déjà, tout à l'heure.
ἦκα,	leniter,	doucement.
ἢν,	si,	si.
ἠνὶ,	ecce,	voilà.
ἡνίκα,	quum,	lorsque.
θαμὰ,	crebro,	fréquemment.
ἵνα,	ut,	afin que.

καὶ,	et,	et.
κάτω,	infra,	plus bas.
λὰξ,	calcibus,	à coups de pied.
λίαν,	valdè,	extrêmement.
λίγδην,	strictim,	en peu de mots.
μάτην,	frustrà,	en vain.
μὰψ,	frustrà,	en vain.
μὲν,	quidem,	à la vérité.
μέσφα,	donec,	jusqu'à ce que.
μέχρι,	usque ad,	jusqu'à.
μὴ,	ne,	non, ne.
μὴν,	tamen,	cependant.
ναὶ,	næ, ita,	en vérité, oui.
νόσφι,	seorsum,	séparément.
νῦν,	nunc,	maintenant.
ὅπη,	ubi, quo,	où.
ὀπίσω,	retro,	en arrière.
ὅτε,	quando,	quand.
ὅτι,	quod,	que.
οὐ, οὐκ, οὐχ,	non,	non.
οὖν,	igitur,	donc.
ὀψὲ,	sero,	sur le soir.
πάλαι,	olim,	autrefois.
πάλιν,	rursus,	de nouveau.
πέλας,	propè,	près.
πέρα,	ultra,	au delà.
πέρυσι,	anno præterito,	l'an passé.
πλὴν,	præter,	excepté.
πρὶν,	priùs,	auparavant.
πρωΐ,	manè,	au matin.
πύκα,	densè,	d'une manière serrée.

πὺξ,	pugnis,	*à coups de poing.*
πῶς,	quomodo,	*comment.*
σχεδὸν,	propè,	*près.*
τὲ,	que, et,	*et.*
τῆλε,	procul,	*au loin.*
χαμαὶ,	humi,	*par terre.*
χθὲς,	heri,	*hier.*
χωρὶς,	seorsim,	*à part.*
ὡς, ὡσεὶ,	ut, sicut,	*de même que.*
ὡς,	sic,	*ainsi.*

4.

PHRASES GRECQUES.

Dès que les enfants ont vu la première ou la seconde déclinaison, on peut commencer à leur faire apprendre ces phrases, et à les leur expliquer selon leur portée : se réservant de le faire plus à fond, suivant les notes ci-jointes, à mesure qu'ils avanceront.

ΓΝΩΜΑΙ ΕΛΛΗΝΙΚΑΙ.	SENTENT. GRÆCÆ.
Ἐν τῷ ὀνόματι τοῦ Πατρὸς, καὶ τοῦ Υἱοῦ, καὶ τοῦ Πνεύματος ἁγίου. Ἀμήν.	In nomine Patris et Filii et Spiritus sancti. Amen.

ΚΕΦΑΛΑΙΟΝ α'.

Περὶ τοῦ Θεοῦ.

CAPUT I.

De Deo.

1. Ὁ Πατὴρ, καὶ ὁ Υἱὸς, καὶ τὸ ἅγιον Πνεῦμα, ἴσοι εἰσὶ κατὰ πάντα.

1. Pater, et Filius, et sanctus Spiritus æquales sunt secundum omnia.

2. Ὁ Πατήρ ἐστι Θεὸς, καὶ Θεὸς ὁ Υἱὸς, καὶ Θεὸς τὸ ἅγιον Πνεῦμα, οὐ μὴν τρεῖς Θεοὶ εἰσί.

2. Pater est Deus, et Deus Filius, et Deus sanctus Spiritus, non tamen tres Dii sunt.

3. Ἀλλὰ τρεῖς οὗτοι εἰς ἐστι Θεὸς, μία ἰσχὺς, ἓν κῦρος.

4. Εἷς ἐστι Θεὸς, ἐξ οὗ ἐστι πάντα.

5. Ὕψος σου ἐπὶ τοὺς οὐρανοὺς, ὦ Θεὸς, καὶ ἐπὶ τὰ πέρατα τῆς γῆς ἡ δόξα σου.

6. Ὡς τὸ ὕψος αὐτοῦ, οὕτως καὶ τὸ ἔλεος αὐτοῦ.

7. Δόξα Πατρὶ, καὶ Υἱῷ, καὶ Πνεύματι ἁγίῳ.

8. Ὡς ἦν ἐν ἀρχῇ, καὶ νῦν, καὶ ἀεὶ, καὶ εἰς τοὺς αἰῶνας τῶν αἰώνων. Ἀμήν.

3. Sed tres isti unus est Deus, una potentia, unum dominium.

4. Unus est Deus, ex quo sunt omnia.

5. Altitudo tua super cœlos, o Deus! et in fines terræ gloria tua.

6. Sicut altitudo ejus, sic et misericordia ejus.

7. Gloria Patri, et Filio, et Spiritui sancto.

8. Sicut erat in principio, et nunc, et semper, et in sæcula sæculorum. Amen.

ΚΕΦΑΛΑΙΟΝ β΄.

Περὶ τοῦ Χριστοῦ.

1. Ἀμνὸς τοῦ Θεοῦ Χριστὸς, δι' οὗ αἷμα καὶ σταυρὸν σόοι ἐσμέν.

2. Ὁ Κύριος ἡμῶν ἸΗΣΟΥΣ Χριστὸς Θεός ἐστι καὶ ἄνθρωπος.

3. Θεὸς μὲν ἀληθὴς ἐκ τοῦ πατρὸς, κατὰ πάντα πατρὶ ἴσος.

4. Ἄνθρωπος δὲ ἀληθὴς

CAPUT II.

De Christo.

1. Agnus Dei Christus, per cujus sanguinem et crucem salvi sumus.

2. Dominus noster Jesus Christus Deus est et homo.

3. Deus quidem verus ex patre, secundum omnia patri æqualis.

4. Homo autem verus

ἐκ τῆς μητρὸς, κατὰ σάρκα ἡμῖν ὁμός.

5. Υἱὸς τοῦ Θεοῦ πρὸ τῶν αἰώνων.

6. Υἱὸς ἐν καιρῷ τῆς μάκαρος Μαρίας ἀεὶ παρθένου.

7. Τίς Θεὸς πλὴν τοῦ Κυρίου; καὶ τίς Θεὸς πλὴν τοῦ Θεοῦ ἡμῶν;

8. Σὺ εἶ αὐτὸς ὁ βασιλεύς μου, καὶ ὁ Θεός μου, καὶ ὁ ποιμήν μου εἰς τὸν αἰῶνα.

9. Ἐν παντὶ χρόνῳ αἶνος καὶ τιμὴ αὐτοῦ ἐν τῇ καρδίᾳ καὶ ἐν τῷ στόματί μού.

10. Ὅλην τὴν ἡμέραν ἐν γλώσσῃ μου, καὶ ἐπὶ τὰ χείλη μου δόξα αὐτοῦ.

ex matre, secundùm carnem nobis similis.

5. Filius Dei ante sæcula.

6. Filius in tempore beatæ Mariæ semper virginis.

7. Quis Deus præter Dominum? et quis Deus præter Deum nostrum?

8. Tu es ipse rex meus, et Deus meus, et pastor meus in sæculum.

9. In omni tempore laus et honor ejus in corde et in ore meo.

10. Totâ die in linguâ meâ, et super labia mea gloria ejus.

ΚΈΦΑΛΑΙΟΝ γ'.

Περὶ τοῦ Κόσμου.

CAPUT III.

De Mundo.

1. Μέγας μόνος Θεὸς, παντῶν ἀρχὴ καὶ τέλος.

1. Magnus solus Deus, omnium principium et finis.

2. Ὅλος ὁ κόσμος ἐξ ἡμερῶν ἔργον αὐτοῦ.

2. Totus mundus sex dierum opus ejus.

3. Ἐν ὕψει οὐρανοῦ σφαῖ-

3. In altitudine cœli

ραι ἀστέρων, καὶ σέλας αὐτῶν.

4. Ἀκτῖνες ἡλίου καὶ μήνης τὸ τοῦ πέδου γάνος, καὶ ἄνευ αὐτῶν γνόφος καὶ σκότος.

5. Ἥλιος ἑαυτῷ ὁμὸς ἀεί· καὶ ἀπ᾽ αὐτοῦ ἦρ, θέρος, ὀπώρα, χεῖμα.

6. Ἡ τῆς μήνης αἴγλη νῦν μείζων, ἄρτι μείων, εἰς σήματα τῶν καιρῶν καὶ τῶν ἑορτῶν.

7. Τὸ τοῦ Θεοῦ ἔργον κῦδος, θάμβος, καὶ ἄγος, αἰπὺ καὶ μέγα λίαν.

8. Αὐτὸς δὲ μέγας ἄγαν παρὰ πάντα τὰ ἔργα αὐτοῦ.

9. Μέγα κράτος τοῦ Κυρίου· ὅλος ὁ κόσμος ἐν παλάμῃ χειρὸς αὐτοῦ.

10. Μεγάλη ἰσχὺς τοῦ βραχίονος αὐτοῦ· ὅλος ὁ κόσμος, ὡς στράγξ ἔρσης ἐν ἄκρῳ τῷ δακτύλῳ αὐτοῦ.

11. Ὦ μωροί; οἷς πῦρ, ἀὴρ, ὕδωρ, γαῖα, καὶ φέγγη τοῦ οὐρανοῦ Θεοὶ ἦσαν· πόσῳ τούτων ὁ Κύριός ἐστι καλλίων.

12. Ὦ μωρότεροι, οἷς θῆ-

sphæræ stellarum, et fulgor earum.

4. Radii solis et lunæ lætitia terræ, et sine ipsis caligo et tenebræ.

4. Sol sibi ipsi similis semper; et ab ipso ver, æstas, autumnus, hyems.

6. Lunæ splendor nunc major, modò minor, in signa temporum et festorum.

7. Opus Dei decus, stupor, et veneratio, altum et magnum valdè.

8. Ipse autem magnus valdè ultra omnia opera ejus.

9. Magnum robur Domini : totus mundus in palmâ manûs ejus.

10. Magna vis brachii ejus : totus mundus sicut gutta roris in summo digito ejus.

11. O stulti! quibus ignis, aër, aqua, terra, et lumina cœli Dii erant: quantò his Dominus est pulchrior.

12. O stultiores!

ρες, δράκοντες, λίθοι, ξύλα, μέταλλα Θεοὶ ἦσαν· πόσῳ τούτων ὁ Κύριός ἐστι βελτίων.

quibus feræ, dracones, lapides, ligna, metalla Dii erant : quantò his Dominus est melior.

ΚΕΦΑΛΑΙΟΝ δ'.

Περὶ τοῦ Ἀνθρώπου.

CAPUT IV.

De Homine.

1. Ἔσχατον τοῦ Θεοῦ ἔργον ἄνθρωπος, πάντων τέρμα καὶ κορώνη, ὁ διὰ νοῦν καὶ λόγον ὑπὲρ πάντα ὤν.

1. Ultimum Dei opus homo, omnium terminus et corona, per mentem et rationem super omnia existens.

2. Τῆς ἔρας βασιλεὺς ἄνθρωπος, ὑπὸ τῶν ποδῶν αὐτοῦ κτήνη τοῦ ἀγροῦ, ἰχθῦς τοῦ ὕδατος, οἰωνοὶ τοῦ αἰθέρος.

2. Terræ rex homo, sub pedibus ejus bestiæ agri, pisces aquæ, aves ætheris.

3. Πρώτη ἀνθρώπων φωνὴ θρῆνος καὶ πένθος, καὶ τοῖς βασιλεῦσι ὁμοία ἀρχὴ, μηδὲ ἑτέρα αὐδή.

3. Prima hominum vox fletus et luctus, et regibus simile principium, neque altera vox.

4. Ἀνδράσι γυναιξί τε, λάῳ ἄναξί τε πολὺς μόχθος ἐν βίῳ, πολλὴ λύπη, πολὺ ἄλγος.

4. Viris mulieribusque, populo regibusque multus labor in vitâ, multa tristitia, multus dolor.

5. Ἄνθρωπος πηλὸς κεράμου· ἐκ γῆς αὐτός, καὶ πάλιν εἰς γῆν.

5. Homo lutum terræ figularis : è terrâ ipse, et rursùs in terram.

6. Ξένος ὁ ἄνθρωπος ἐπὶ

6. Peregrinus homo

τὴν γῆν· ταχὺ οὐκ ἔσεται, οὐδὲ τόπος αὐτοῦ.

super terrram : brevi non erit, neque locus ejus.

7. Ὡς ναῦς ἐπὶ κυμάτων, ἧς οὐκ ἔστιν ἴχνος ἐν θαλάσσῃ.

7. Sicut navis super fluctus, cujus non est vestigium in mari.

8. Ὡς ὄρνις ὑπὸ νεφῶν, ἧς οὐκ ἔστι σῆμα ἐν ἀέρι.

8. Sicut avis sub nubibus, cujus non est signum in aere.

9. Βραχεῖα ἀνθρώπου ὥρα, ὡς τοῦ ἄνθους πρωῒ ἀγλαοῦ, ὀψὲ ξηροῦ.

9. Brevis hominis hora, sicut floris manè splendidi, serò aridi.

10. Χθὲς ἀγέρωχος, αὔριον νεκρός· πᾶσα ἡ αὐγὴ αὐτοῦ ὡς σκιὰ καὶ καπνός.

10. Heri superbus, cras mortuus : omnis splendor ejus sicut umbra et fumus.

11. Οὐκ εἰσὶ βροτοὶ ἁπλῆ ὕλη, ἀλλὰ σῶμα καὶ ψυχή.

11. Non sunt mortales simplex materia, sed corpus et anima.

12. Ἄρα οὖν διπλοῦς ἐστι βροτοῖς βίος, ἄλλος μὲν ἐν χρόνῳ, ἕτερος δὲ εἰς αἰῶνας.

12. Certè igitur duplex est mortalibus vita, alia quidem in tempore, altera vero in sæcula.

13. Ἐν κείνῳ τῷ δευτέρῳ μισθὸς ἔσται ἑκάστῳ κατὰ τὰ ἔργα αὐτοῦ.

13. In illâ secundâ merces erit unicuique secundum opera ejus.

14. Κακοὶ εἰς ᾄδου πρὸς ποινὴν καὶ βασάνους, ἀγαθοὶ εἰς οὐρανὸν πρὸς εἰρήνην καὶ ὄλβον.

14. Mali in inferos ad pœnam et tormenta, boni in cœlum ad pacem et felicitatem.

ΤΕΛΟΣ.

FINIS.

EXPLICATION DES PHRASES GRECQUES.

NOTES SUR LE TITRE.

Γνώμη, ης (ἡ) *sententia.* Observez ici cette manière de marquer les noms grecs. Ce que l'on met après le nominatif du nom substantif, est la terminaison du génitif : ce que l'on ajoute ensuite, désigne le genre. Ainsi ης signifie que ce nom fait au génitif γνώμης, ἡ signifie qu'il est du féminin; par où vous concevez qu'il est de la seconde déclinaison. On se sert de l'article pour marquer le genre. Si le nom était masculin , on mettrait ὁ; s'il était neutre, on mettrait τὸ; s'il était du commun , on mettrait ὁ, ἡ, ou bien ὁ καὶ ἡ. Si le nom était au pluriel, on se servirait de l'article au pluriel. Γνώμη n'est point une racine : il vient d'un verbe, et il est dans ce titre au nominatif pluriel.

Ἑλληνικὸς, ἡ, ὸν, *Græcus, a, um.* Ce que l'on met après le nominatif d'un nom adjectif, est la terminaison des différents genres. Celui-ci fait donc au féminin ἑλληνικὴ, et au neutre ἑλληνικὸν ; par où vous concevez que c'est un adjectif de la troisième déclinaison. Il est ici au nominatif pluriel du féminin.

Nous avons dit (page 31) que le féminin des adjectifs de trois terminaisons est toujours de la seconde déclinaison. Ce nom n'est point racine : il vient de ἕλλην (page 66), qui se dit des personnes, au lieu que celui-ci se dit des choses. De là se forme aussi l'adverbe ἑλληνιστὶ, *græcè*.

SUR LE SIGNE DE LA CROIX.

Ἐν, préposition, p. 42; — τῷ, article au datif, page 15. — ὄνομα, p. 64. Là vous verrez de quelle déclinaison et de quel genre est ce nom, et comment il fait au génitif ; il est ici au datif singulier. — τοῦ, art., p. 15. — Πατὴρ, p. 67, au gén., p. 27. — καὶ, p. 80. — Υἱὸς, p. 60, prononcez *huios, huiou.* — Πνεῦμα, p. 25, il n'est pas racine, il vient d'un verbe. — ἅγιος, p. 75. — Ἀμὴν, n'est pas un mot grec, mais hébreu, qui signifie *verè, fiat.*

SUR LE PREMIER CHAPITRE.

Κεφάλαιον, ου (τὸ) caput, *chapitre*, de la troisième déclinaison. Il vient de κεφαλὴ, caput, *tête*, p. 50. — α′ signifie *premier*, πρῶτον, p. 37. Les Grecs ne se servent point d'autres chiffres que des lettres de l'alphabet, comme nous l'expliquerons dans la suite.

Περὶ, prép., p. 43. — τοῦ, art. — Θεὸς, p. 56, au gén.

1re *phrase.* ὁ, art. — ἴσος, p. 73, au nomin. plur. — εἰμὶ, p. 44, à la troisième pers. du plur. — κατὰ, prép., p. 43. — πᾶς, p. 77, à l'accusatif plur. du neutre : *secundum omnia, in omnibus.*

2. οὐ, μὴν, p. 80. — τρεῖς, p. 35 et 36.

3. ἀλλὰ, p. 78.— οὗτος, p. 39, au nominatif pluriel masc. — εἷς, p. 35. — μία, fém. *ibid.* —ἰσχὺς, nom contr. — ἓν, neut., p. 35. — κῦρος, nom contr.

4. ἐξ, prép., p. 42. — ὃς, *qui*, p. 40, — au gén. sing. mascul. — ἐστὶ, trois. pers. de εἰμὶ, au singul. Lorsque le nominatif pluriel d'un verbe est du neutre, comme est ici πάντα, le verbe se met au sing., non au plur.

5. ὕψος, nom contracte. — σοῦ, génit. de σὺ, p. 38. — Au lieu des pronoms possessifs *meus, tuus, suus,* etc., on se sert élégamment du primitif au génitif : ainsi l'on dit *altitudo tui*, au lieu de *altitudo tua.* — ἐπὶ, prép., p. 43. — οὐρανὸς, p. 59, à l'acc. plur. — ὦ, adv. qui marque le voc., p. 16.— Θεὸς, voc. par l'exception de la trois. déclinaison, p. 22. — πέρας, nom contracte à l'accus. plur. — γῆ, p. 49, au gén.— δόξα, ης, (ἡ), de la seconde déclin. Ce mot n'est pas racine, il vient d'un verbe.

6. ὡς, p. 81.— αὐτὸς, p. 40 et 76, *ejus, ipsius.* — οὕτως, adverbe qui vient du pronom οὗτος, p. 39. — ἔλεος, nom contracte.

7. Il n'y a point ici d'article. On est assez libre de le mettre ou de ne le pas mettre. La suite et l'usage en apprendront davantage.

8. ἦν, troisième personne sing. de l'imparfait du verbe εἰμὶ, p. 44. — ἀρχὴ, p. 49, au datif. — νῦν, p. 80. ἀεὶ, p. 78. — εἰς, prép., p. 42. — αἰών, p. 69, à l'accusat. et au génitif pluriel.

SUR LE DEUXIÈME CHAPITRE.

Χριστὸς, οῦ (ὁ) *Christus*, de la troisième déclinaison. Ce mot n'est pas racine : il vient d'un verbe, et signifie *unctus*, *oint*.

1. ἀμνὸς, p. 54.— δι' pour διὰ, prép., p. 43; l'apostrophe marque qu'il y a une lettre retranchée, p. 14. — ὃς, *qui*, p. 40, au gén. — αἷμα, p. 64.— σταυρὸς, p. 60, à l'acc. — σόος, p. 75, au nominatif plur.

2. Κύριος, οῦ (ὁ) *Dominus*, de la troisième déclinaison. La racine est κύρος, nom contr. — ἡμῶν, gén. plur. de ἐγὼ, p. 38. *Dominus nostrûm* pour *Dominus noster* : voyez au chapitre précédent, *phrase 5*. — Ἰησοῦς, *Jesus*, n'est pas un mot grec, mais hébreu, qui signifie *Sauveur*. Il se décline comme les noms en οῦς de la trois. déclinaison. Acc. Ἰησοῦν, *Jesum* ; gén. et voc. Ἰησοῦ : il n'y a que le datif d'irrégulier, Ἰησοῦ, semblable au génitif et au vocatif. De là vient qu'il fait en latin *Jesu* à ces trois cas; car *u*, comme le prononçaient les anciens Latins, est la même chose que ου. — ἄνθρωπος, page 54.

3. ἀληθὴς, p. 77.— μὲν, p. 80.— ἐκ, p. 42.

4. δὲ, p. 79.— μήτηρ, p. 67, au génitif, p. 27.— σὰρξ, p. 72, à l'acc. sing. — ἡμῖν, datif plur. de ἐγὼ, p. 38. — ὁμὸς, p. 74.

5. πρὸ, préposition, page 42.

6. καιρὸς, page 56, au datif. — μάκαρ, p. 65, au génitif. — Μαρία, ας (ἡ) de la seconde déclin. C'est

un nom propre, qui signifie en hébreu *Dame, Maî-
tresse.* — παρθένος, page 62, au génitif.

7. τίς, p. 40 et 77. — πλὴν, p. 80. Observez
cette ponctuation (;) p. 14.

8. βασιλεὺς, nom contracte. — μοῦ, génitif de ἐγὼ,
mei pour *meus.* Voy. le chapitre I, *phrase 5.* —
ποιμὴν, page 66. — αἰὼν, page 69, à l'acc. singulier.

9. πᾶς, p. 77, au datif. — χρόνος, p. 60. — αἶνος,
p. 54. — τιμὴ, page 19. Ce mot n'est pas racine; il
vient d'un verbe. — καρδία, p. 19 et 52. — στόμα,
p. 64, au datif.

10. ὅλος, page 74. — ἡμέρα, p. 19 et 53. Les
noms de temps se mettent ainsi souvent à l'accusatif, en sous-entendant une préposition, comme
διὰ, κατὰ, etc. — γλῶσσα, p. 48, au datif. — χεῖλος,
nom contracte à l'accusatif pluriel.

SUR LE TROISIÈME CHAPITRE.

Κόσμος, page 57.

1. μέγας, p. 78. — μόνος, p. 74. — τέλος, nom
contracte.

2. ἐξ, page 42. — ἔργον, page 62.

3. ὕψος, nom contracte au datif. — σφαῖρα, p. 54,
au nomin. plur. — ἀστὴρ, p. 66, au génitif plur. —
σέλας, p. 65.

4. ἀκτίν, p. 67, au nominatif plur. — ἥλιος, p.
56, au génit. — μήνη, p. 50, au gén. — τὸ, article
de γάνος. Deux articles de différents cas se mettent

ainsi de suite avec élégance.—πέδον, p. 63, au gén.—
γάνος, nom contracte. — ἄνευ, p. 78. — αὐτὸς , p.
40, génitif pluriel. — γνόφος, p. 55.—σκότος, p. 59.

5. ἥλιος, dans la phrase précédente. — ἑαυτῷ, datif, p. 41. — ἀπ' pour ἀπὸ, prép., p. 43. Voyez le
chap. II, *phrase* 1. — ἢρ , p. 66. — θέρος, nom
contracte. — ὀπώρα, p. 53. — χεῖμα, p. 64.

6. ἡ, art. de αἴγλη, p. 49. Voy. ci-dessus *phrase* 4.
—μείζων, p. 34. —ἄρτι, p. 78. — μείων, nom contracte. — σῆμα, p. 64, à l'accusatif pluriel.— καιρὸς,
p. 56. — ἑορτὴ, au génitif pluriel, page 50.

7. κῦδος, nom contracte.— θάμϐος, nom contracte.
— ἄγος , nom contracte. — αἰπὺς, p. 76. — μέγας,
p. 78, au neutre. — λίαν, page 80. Expliquez ainsi
cette phrase en français: *L'ouvrage de Dieu est plein
de beauté, digne d'admiration et de respect, d'une
hauteur et d'une grandeur immense.*

8. ἄγαν, p. 78. — παρὰ, p. 43.

9. κράτος, nom contracte. — ὅλος, p. 74. παλάμη,
p. 51, au datif sing. — χεὶρ, p. 67, au génitif sing.

10. μέγας, p. 78, au féminin.—ἰσχὺς, nom contracte. — βραχίων, p. 69, au génitif sing.—στράγξ,
p. 71; prononcez γ comme ν, p. 3, *stranx.* —
ἕρση, p. 50, au génitif singulier.— ἄκρος, p. 76.—
δάκτυλος, p. 55, au datif singulier.

11. ὦ, adv. pour appeler, qui marque le voc., p. 16.
— μωρὸς, p. 76, au vocatif plur. — ὃς, *qui,* p. 40,
au dat. plur. — πῦρ, p. 69. — ἀὴρ , p. 66. — ὕδωρ ,
p. 70. — γαῖα, p. 52. — φέγγος, nom contracte, au

nominatif pluriel. — πόσος, η, ον, *quantus ?* par interrogation, ou admiration. Il vient de ὅσος, p. 74, *quantus*, sans interrogation, mais seulement par comparaison. Il est ici au datif singulier neutre pris comme un adverbe. C'est ainsi qu'on en use devant les comparatifs, comme en latin *quantò*. — οὗτος, p. 39, au gén. plur. Les comparatifs régissent le génitif. — καλλίων, comparatif de καλὸς, *pulcher*, p. 73; superlatif κάλλιστος, page 34.

12. μωρὸς, p. 76, au comparatif, p. 34, au vocatif plur. — θὴρ, p. 66, au nom. plur., ainsi que les suivants. — δράκων, p. 70. — λίθος, p. 62. — ξύλον, p. 63. — μέταλλον, p. 63. — βελτίων, nom contr.

SUR LE QUATRIÈME CHAPITRE.

1. ἔσχατος, p. 73, au nominat. neut. — τέρμα, p. 64. — κορώνη, p. 50. — ὁ, article de ὤν. — νοῦς, contracte de la troisième déclinaison des simples, pour νόος, p. 58, à l'acc. — λόγος, *sermo, ratio*, à l'acc., p. 20. Ce nom n'est pas racine; il vient d'un verbe. — ὑπὲρ, p. 43. — ὤν, participe présent de εἰμί, p. 44. — ὁ ὤν, *existens, qui est;* ὁ, art.

2. ἔρα, p. 53, au génitif. — βασιλεὺς, nom contr. — ὑπὸ, p. 43. — ποῦς, p. 69, au génitif plur. — κτῆνος, nom contracte, au nominatif plur. — ἀγρὸς, p. 54, au génitif. — ἰχθὺς, nom contracte, au nominatif pluriel. — ὕδωρ, p. 70, au génitif singulier. — οἰωνὸς, p. 58, au nominatif plur. — αἰθὴρ, p. 66, au génitif singulier.

3. πρῶτος , η , ον, p. 37. Il n'est pas racine ; il vient de la préposition. πρὸ, p. 42. — φωνὴ, p. 52. — θρῆνος, p. 56. — πένθος, nom contracte. — ὅμοιος, α, ον, *similis*, comme ὁμὸς, d'où il vient, p. 74. — μηδὲ, composé de μὴ et de δὲ, p. 79 et 80. Ces deux mots ainsi joints signifient *neque*. — ἕτερος, p. 76, au fém. — αὐδὴ, p. 49.

4. ἀνὴρ, p. 67, au datif plur. — γυνὴ, p. 72, au datif plur. — τὲ, p. 81. — λάος, p. 57, au datif sing. — ἄναξ, p. 72, au datif plur. — πολὺς, p. 78. — βίος, p. 55, au datif sing. — λύπη, p. 50. — ἄλγος, nom contracte.

5. πηλὸς, p. 62. — κέραμος , p. 56, au génitif. — πάλιν, p. 80.

6. ξένος , p. 74. — ταχὺς , p. 77 , au neutre pris comme un adverbe, *celeriter, brevi tempore*. — οὐ, p. 80, devant une consonne ; οὐκ devant une voyelle ; οὐχ devant une voyelle aspirée. — οὐδὲ, ou bien οὔτε, composé comme μηδὲ, ci-dessus, *phrase* 3. — τόπος , p. 60.

7. ὡς, p. 81. — ναῦς, prononcez une seule syllabe, *naus*, p. 65. — κῦμα, page 64, au génitif plur. — ὅς, *qui*, p. 40, au génitif fém. — ἔστιν, comme ἐστὶ, ν ajouté par élégance. — ἴχνος, nom contracte. — θάλασσα, p. 48, au datif.

8. ὄρνις, p. 68. — νέφος, nom contracte, au génitif pluriel. — σῆμα, p. 64. — ἀὴρ, p. 66, au datif.

9. βραχὺς, page 77, au fémin. — ὥρα, p. 54, *hora, tempus*. — ἄνθος, nom contr. au gén. sing. — πρωΐ,

p. 80. — ὀψὲ, p. 80. — ἀγλαὸς, p. 75. — ξηρὸς, p. 76, au génitif.

10. χθὲς, p. 81.— ἀγέρωχος, p. 61.—αὔριον, p. 79. νεκρὸς, p. 58. — πᾶς, p. 77, au féminin. — αὐγὴ, p. 49. — σκιὰ, p. 53. — καπνὸς, p. 56.

11. βροτὸς, p. 55, au nominatif pluriel. — ἁπλόος, p. 75, au féminin contracte de la seconde déclinaison des simples.— ὕλη, p. 52.— σῶμα, p. 64. — ψυχὴ, p. 52.

12. ἄρα, p. 78. — οὖν, p. 80. — διπλόος, p. 75, nominatif sing. masc. contracte. — βίος, p. 55. — ἄλλος, p. 76. — χρόνος, p. 60.

13. κεῖνος ou ἐκεῖνος, p. 76.— δεύτερος, p. 76, au datif masculin se rapportant à βίος (*phrase précédente*).—μισθὸς, p. 58. —ἕκαστος, p. 73, au datif.

14. κακὸς, p. 73, au nominatif pluriel; suppléez *ibunt*. — ᾅδης, p. 47, au génitif singulier; suppléez *domum, carcerem*.—πρὸς, p. 42.— ποινὴ, p. 51, à l'accusatif sing. — βάσανος, p. 61, à l'acc. plur. — ἀγαθὸς, p. 73, au nominatif pluriel.— εἰρήνη, p. 50. ὄλβος, p. 58, à l'accusatif singulier.

FIN DE LA PREMIÈRE PARTIE.

INTRODUCTION

A LA

LANGUE GRECQUE.

SECONDE PARTIE.

Pour les cinquièmes.

DES VERBES EN GÉNÉRAL
ET DES VERBES BARYTONS EN PARTICULIER.

DES PARTIES DU VERBE.

Il y a trois voix dans les verbes grecs : l'*Active*, la *Passive*, et la *Moyenne*. La moyenne a la signification active et passive, et tient une espèce de milieu entre les deux autres.

Il y a cinq modes : l'*Indicatif*, le *Subjonctif*, l'*Optatif*, l'*Impératif*, et l'*Infinitif*, auxquels il faut ajouter les *Participes*.

5

Il y a huit -temps : le *Présent* et l'*Imparfait;*
deux *Futurs,* le *premier* et le *second;* deux *Aoristes,*
le *premier* et le *second;* enfin le *Prétérit parfait*
et le *Prétérit plus-que-parfait.* Dans la voix
moyenne il y a un neuvième temps, qu'on appelle
Paulo-post-futur ou *Futur troisième.*

Ce mot *aoriste,* ἀόριστος, est composé de la racine
ὅρος, *terminus,* page 59, et de l'α privatif, p. 78,
et signifie *interminatus, indefinitus, indéfini.* Les
deux aoristes sont deux espèces de prétérits, qui
servent aussi quelquefois de futurs, comme l'usage
l'apprendra.

Les verbes grecs n'ont ni gérondif, ni supin;
mais en revanche ils ont des participes pour tous
les temps.

Les verbes, ainsi que les noms, ont trois nombres : le *Singulier,* le *Duel* et le *Pluriel.* Ils ont
aussi trois personnes : la *première,* la *seconde* et
la *troisième;* mais le duel manque souvent de la
première, n'ayant que la seconde et la troisième,
comme tout l'impératif.

DES TROIS ESPÈCES DE VERBES.

Il y a des verbes de trois espèces. Les premiers
s'appellent *Barytons;* les seconds s'appellent *Circonflexes;* les troisièmes s'appellent *Verbes en mi,*
parce qu'en effet ils sont terminés en μι, comme

ἐμὶ, *sum;* au lieu que les autres sont terminés
en ω.

Ce mot *baryton,* βαρύτονος, est composé de
βαρὺς, *gravis,* et de τόνος, *tonus, ton, accent,* et
signifie *qui a l'accent grave.* La racine de βαρὺς
est βάρος, *pondus, poids, nom contr.* La racine de
τόνος est τείνω, *tendo, je tends,* de la cinquième
conjugaison, comme on verra ci-après.

Les barytons s'appellent ainsi, parce qu'ils ont
l'accent grave sur la dernière syllabe. Mais cet accent grave ne se marquant point et étant sous-
entendu, on peut dire que les verbes barytons sont
ceux qui n'ont point d'accent marqué sur la dernière syllabe. Ainsi τείνώ, *tendo, je tends;* τύπτω,
verbero, je frappe, sont des barytons. Les circonflexes s'appellent ainsi, parce qu'ils ont l'accent
circonflexe sur la dernière syllabe, comme φιλῶ,
amo, j'aime.

DE QUATRE CHOSES A OBSERVER POUR CONJUGUER LES VERBES.

Il y a quatre choses à observer en conjuguant
les verbes : la *Terminaison,* la lettre *Figurative,*
la voyelle ou diphthongue *Pénultième,* et l'*Augment.*

On appelle terminaison, la lettre, ou les lettres,
ou les syllabes, qui terminent tous les verbes de la

même espèce. Par exemple, dans τείνω et dans τύπτω, ω est la terminaison.

On appelle figurative la lettre qui précède la terminaison. Ainsi dans τείνω, ν est la figurative, et π dans τύπτω, parce qu'ici le τ ne se compte pas, comme nous le dirons dans la suite.

On appelle pénultième, la voyelle ou diphthongue qui précède la terminaison. Ainsi dans τείνω, ει est la pénultième, et υ l'est dans τύπτω.

On appelle augment ce que l'on ajoute au commencement du verbe, et qui le fait croître ou augmenter; par exemple, on dit à l'imparfait ἔτεινον, *tendebam*; ἔτυπτον, *verberabam*; ε est l'augment.

Quoique ces quatre choses marchent ensemble dans tous les verbes, on ne peut cependant les traiter ensemble sans quelque confusion. Nous les traiterons donc séparément; et, en les traitant, nous suivrons moins l'ordre des choses que l'ordre de l'esprit, faisant précéder celles qui sont plus nécessaires pour l'intelligence des autres. Nous parlerons : 1° de la terminaison; 2° de l'augment; 3° de la figurative; 4° de la pénultième.

Il ne faut pas attendre que l'on sache parfaitement une chose pour passer aux autres, ni même qu'on sache parfaitement les barytons, avant que d'aller aux circonflexes, aux verbes en *mi*, aux défectifs même, et à l'investigation du thème.

Il faut au contraire parcourir tout cela d'abord assez légèrement, pour y revenir ensuite à plusieurs reprises, et pouvoir alors comparer les règles entre elles, et rapprocher ce qui a été dit dans des endroits séparés sur les différentes parties du même mot. On fait usage des premières règles et on se les inculque dans la mémoire, en étudiant les dernières; et souvent les dernières servent à faire entendre les premières.

On trouvera à la page 167 un exercice sur les parties du verbe. On pourra commencer à en faire usage quand on aura parcouru les quatre choses dont nous venons de parler. Cet exercice est également aisé et profitable aux enfants pour leur bien inculquer toutes les règles qui regardent la conjugaison des verbes.

CHAPITRE PREMIER.

DE LA TERMINAISON.

Dans les trois Tables suivantes, les deux pages ne doivent être regardées que comme une seule page, les lignes se prolongeant de la page gauche à la page droite.

Il faut accoutumer les enfants à conjuguer sur ces tables pendant longtemps, jusqu'à ce qu'ils soient assez forts pour conjuguer de mémoire. De même au commencement, il faut qu'ils répondent aux interrogations en ayant les yeux sur la table.

TABLE DES TERMINAISONS

TERMINAISONS

Nombres...............................

Personnes...............................

INDICATIF.	Présent et futur 1...............
	futur 2...............
	Imparfait et aoriste 2...............
	Prétérit parfait...............
	aoriste 1...............
	Plus-que-parfait...............
SUBJONCTIF.	Présent, aoriste ou futur 1......
	Aoriste ou futur 2 et parfait......
OPTATIF.	Présent, futur 1, parfait, aoriste 2..
	futur 2.........
	aoriste 1.........
IMPÉRATIF.	Présent, aoriste 2, parfait.........
	aoriste 1...............
INFINITIF.	Présent et futur 1...............
PARTICIPES.	Présent et futur 1...............
	aoriste 2...............
	futur 2...............
	aoriste 1...............
	parfait...............

DES VERBES BARYTONS.

DU VERBE ACTIF.

	SINGULIER.			DUEL.			PLURIEL.	
1.	2.	3.	2.	3.	1.	2.	3.
ω,	εις,	ει.	ετον,	ετον.	ομεν,	ετε,	ουσι.
ῶ,	εῖς,	εῖ.	εῖτον,	εῖτον.	οῦμεν,	εῖτε,	οῦσι.
ον,	ες,	ε.	ετον,	έτην.	ομεν,	ετε,	ον.
α,	ας,	ε.	ατον,	ατον.	αμεν,	ατε,	ασι.
α,	ας,	ε.	ατον,	άτην.	αμεν,	ατε,	αν.
ειν,	εις,	ει.	ειτον,	είτην.	ειμεν,	ειτε,	εισαν.
ω,	ῃς,	ῃ.	ητον,	ητον.	ωμεν,	ητε,	ωσι.
οιμι,	οις,	οι.	οιτον,	οίτην.	οιμεν,	οιτε,	οιεν.
οῖμι,	οῖς,	οῖ.	οῖτον,	οίτην.	οῖμεν,	οῖτε,	οῖεν.
αιμι,	αις,	αι.	αιτον,	αίτην.	αιμεν,	αιτε,	αιεν.
	ε,	έτω.	ετον,	έτων.		ετε,	έτωσαν.
	ον,	άτω.	ατον,	άτων.		ατε,	άτωσαν.

ειν. Fut. 2 et aor. 2 εῖν. Aor. 1 αι. Parfait έναι.

M.	F.	N.		M.	F.	N.
ων,	ουσα,	ον.	Gén. οντος,	ούσης,	οντος.
ὼν,	οῦσα,	ὸν.	όντος,	ούσης,	όντος.
ῶν,	οῦσα,	οῦν.	οῦντος,	ούσης,	οῦντος.
ας,	ασα,	αν.	αντος,	άσης,	αντος.
ὼς,	υῖα,	ὸς.	ότος,	υίας,	ότος.

TABLE DES TERMINAISONS

TERMINAISONS

	Nombres :	SINGULIER.		
	Personnes :	1	2.	3.
INDICATIF.	Prés., fut. 1 et 3.	ομαι,	η,	εται.
	Futur 2.	οῦμαι,	ῆ,	εῖται.
	Imparf., aoriste 2.	όμην,	ου,	ετο.
	Aoriste 1.	άμην,	ω,	ατο.
	Parfait.	α,	ας,	ε.
	Plus-que-parfait.	ειν,	εις,	ει.
SUBJONCTIF.	Prés., aoriste 1 et 2.	ωμαι,	η,	ηται.
	Parfait.	ω,	ης,	η.
OPTATIF.	Pr., fut. 1 et 3, a. 2.	οίμην,	οιο,	οιτο.
	Futur 2.	οίμην,	οῖο,	οῖτο.
	Aoriste 1.	αίμην,	αιο,	αιτο.
	Parfait.	οιμι,	οις,	οι.
IMPÉRATIF.	Présent.		ου,	έσθω.
	Aoriste 2.		οῦ,	έσθω.
	Aoriste 1.		αι,	άσθω.
	Parfait.		ε,	έτω.
INFINITIF.	Prés., futur 1 et 3 εσθαι. Aor. 2 έσθαι.			
PARTICIPES.	Prés., fut. 1 et 3, aoriste 2			
	Futur 2			
	Aoriste 1			
	Parfait			

DES VERBES BARYTONS.

DU VERBE MOYEN.

	DUEL.			PLURIEL.	
1.	2.	3.	1.	2.	3.
όμεθον,	εσθον,	εσθον.	όμεθα,	εσθε,	ονται.
ούμεθον,	εῖσθον,	εῖσθον.	ούμεθα,	εῖσθε,	οῦνται.
όμεθον,	εσθον,	έσθην.	όμεθα,	εσθε,	οντο.
άμεθον,	ασθον,	άσθην.	άμεθα,	ασθε,	αντο.
	ατον,	ατον.	αμεν,	ατε,	ασι.
	ειτον,	είτην.	ειμεν,	ειτε,	εισαν.
ώμεθον,	ησθον,	ησθον.	ώμεθα,	ησθε,	ωνται.
	ητον.	ητον.	ωμεν,	ητε,	ωσι.
οίμεθον,	οισθον,	οίσθην.	οίμεθα,	οισθε,	οιντο.
οίμεθον,	οῖσθον,	οίσθην.	οίμεθα,	οῖσθε,	οῖντο.
άμεθον,	αισθον,	αίσθην.	άμεθα,	αισθε,	αιντο.
	οιτον,	οίτην.	οιμεν,	οιτε,	οιεν.
	εσθον,	έσθων.		εσθε,	έσθωσαν.
	εσθον,	έσθων.		εσθε,	έσθωσαν.
	ασθον,	άσθων.		ασθε,	άσθωσαν.
	ετον,	έτων.		ετε,	έτωσαν.

Futur 2 εῖσθαι. Aor. 1 ασθαι. Parfait έναι.

M.	F.	N.		M.	F.	N.
όμενος,	ομένη,	όμενον.		ου,	ης,	ου.
ούμενος,	ουμένη,	ούμενον.	Gén.	ου,	ης,	ου.
άμενος,	αμένη,	άμενον.		ου,	ης,	ου.
ώς,	υῖα,	ός.		ότος,	υίας,	ότος.

6

TABLE DES TERMINAISONS

TERMINAISONS

Le présent et l'imparfait sont comme dans la

Nombres :		SINGULIER.	
Personnes :	1.	2.	3.

		1.	2.	3.
INDICATIF.	Futur 1.	θήσομαι,	θήσῃ,	θήσεται.
	Futur 2.	ήσομαι,	ήσῃ,	ήσεται.
	Aor. 1.	θην,	θης,	θη.
	Aor. 2.	ην,	ης,	η.
	Parfait.	μαι,	σαι,	ται.
	Pl.-que-p.	μην,	σο,	το.
SUBJONCTIF.	Aor. 1.	θῶ,	θῇς,	θῇ.
	Aor. 2.	ῶ,	ῇς,	ῇ.
	Parfait par circonlocution.			
OPTATIF.	Futur 1.	θησοίμην,	θήσοιο,	θήσοιτο.
	Futur 2.	ησοίμην,	ήσοιο,	ήσοιτο.
	Aor. 1.	θείην,	θείης,	θείη.
	Aor. 2.	είην,	είης,	είη.
	Parfait par circonlocution.			
IMPÉRATIF.	Aor. 1.		θητι,	θήτω.
	Aor. 2.		ηθι,	ήτω.
	Parfait.		σο,	θω.
INFINITIF.	Futur 1 θήσεσθαι. Futur 2 ήσεσθαι.			

PARTICIPES.	Futur 1 . . . .
	Futur 2 . . . .
	Parfait . . . .
	Aor. 1 . . . .
	Aor. 2 . . . .

DES VERBES BARYTONS.

DU VERBE PASSIF.

voix moyenne.

	DUEL.			PLURIEL.		
1.	2.	3.	1.	2.	3.	
θησόμεθον,	θήσεσθον.		θησόμεθα,	θήσεσθε,	θήσονται.
ησόμεθον,	ήσεσθον.		ησόμεθα,	ήσεσθε,	ήσονται.
θητον,	θήτην.		θημεν,	θητε,	θησαν.
ητον,	ήτην.		ημεν,	ητε,	ησαν.
μεθον, θον,	θον.		μεθα,	θε,	νται.
μεθον, θον,	θην.		μεθα,	θε,	ντο.
θῆτον,	θῆτον.		θῶμεν,	θῆτε,	θῶσι.
ῆτον,	ῆτον.		ῶμεν,	ῆτε,	ῶσι.

θησοίμεθον,	οισθον,	ην.	θησοίμεθα,	θήσοισθε,	θήσοιντο.
ησοίμεθον,	οισθον,	ην.	ησοίμεθα,	ήσοισθε,	ήσοιντο.
θείητον,	θειήτην.		θείημεν,	θείητε,	θείησαν.
είητον,	ειήτην.		είημεν,	είητε,	είησαν.

θητον,	θήτων.		θητε,	θήτωσαν.
ητον,	ήτων.		ητε,	ήτωσαν.
θον,	θων.		θε,	θωσαν.

Aoriste 1 θῆναι. Aoriste 2 ῆναι. Parfait θαι.

M.	F.	N.		M.	F.	N.
θησόμενος,	η,	ον.	Gén.	ου,	ης,	ου.
ησόμενος,	η,	ον.		ου,	ης,	ου.
μένος,	η,	ον.		ου,	ης,	ου.
θείς,	θεῖσα,	θέν.		θέντος,	θείσης,	θέντος.
είς,	εῖσα,	έν.		έντος,	είσης,	έντος.

TERMINAISONS

DE LA VOIX ACTIVE.

D. *Conjuguez l'indicatif actif* τύπτω, *verbero.*

R.   INDICATIF.

PRÉSENT. *Verbero, je frappe.*

Sing.   τύπτω,   τύπτεις,   τύπτει.
Duel.   τύπτετον,   τύπτετον.
Plur.   τύπτομεν,   τύπτετε,   τύπτουσι.

IMPARFAIT. *Verberabam, je frappais.*

Sing.   ἔτυπτον,   ἔτυπτες,   ἔτυπτε.
Duel.   ἐτύπτετον,   ἐτυπτέτην.
Plur.   ἐτύπτομεν,   ἐτύπτετε,   ἔτυπτον.

FUTUR I. *Verberabo, je frapperai.*

Sing.   τύψω,   τύψεις,   τύψει.
Duel.   τύψετον,   τύψετον.
Plur.   τύψομεν,   τύψετε,   τύψουσι.

FUTUR 2. *Verberabo.*

Sing.   τυπῶ,   τυπεῖς,   τυπεῖ.
Duel.   τυπεῖτον,   τυπεῖτον.
Plur.   τυποῦμεν,   τυπεῖτε,   τυποῦσι.

PARFAIT. *Verberavi, j'ai frappé.*

Sing.   τέτυφα,   τέτυφας,   τέτυφε.
Duel.   τετύφατον,   τετύφατον.
Plur.   τετύφαμεν,   τετύφατε,   τετύφασι.

PLUS-QUE-PARFAIT. *Verberaveram, j'avais frappé.*

Sing.	ἐτετύφειν,	ἐτετύφεις,	ἐτετύφει.
Duel.		ἐτετύφειτον,	ἐτετυφείτην.
Plur.	ἐτετύφειμεν,	ἐτετύφειτε,	ἐτετύφεισαν.

AORISTE 1. *Verberavi, je frappai.*

Sing.	ἔτυψα,	ἔτυψας,	ἔτυψε.
Duel.		ἐτύψατον,	ἐτυψάτην.
Plur.	ἐτύψαμεν,	ἐτύψατε,	ἔτυψαν.

AORISTE 2. *Verberavi.*

Sing.	ἔτυπον,	ἔτυπες,	ἔτυπε.
Duel.		ἐτύπετον,	ἐτυπέτην.
Plur.	ἐτύπομεν,	ἐτύπετε,	ἔτυπον.

D. *Conjuguez le subjonctif* τύπτω, *verberem.*

R. **SUBJONCTIF.**

PRÉSENT. *Verberem, que je frappe.*

Sing.	τύπτω,	τύπτῃς,	τύπτῃ.
Duel.		τύπτητον,	τύπτητον.
Plur.	τύπτωμεν,	τύπτητε,	τύπτωσι.

AORISTE OU FUTUR 1. *Verberaverim, -vero.*

| Sing. | τύψω, | τύψῃς, | τύψῃ, etc. |

AORISTE OU FUTUR 2. *Verberaverim, -vero.*

| Sing. | τύπω, | τύπῃς, | τύπῃ, etc. |

PARFAIT et PLUS-QUE-PARFAIT. *Verberaverim.*

Sing.   τετύφω,   τετύφης,   τετύφη, etc.

D. *Conjuguez l'optatif* τύπτοιμι, *verberem.*

R.   OPTATIF.

PRÉSENT. *Verberem.*

Sing.   τύπτοιμι,   τύπτοις,   τύπτοι.
Duel.   τύπτοιτον,   τυπτοίτην.
Plur.   τύπτοιμεν,   τύπτοιτε,   τύπτοιεν.

FUTUR 1. *Verberem.*

Sing.   τύψοιμι,   τύψοις,   τύψοι, etc.

FUTUR 2. *Verberem.*

Sing.   τυποῖμι,   τυποῖς,   τυποῖ, etc.

PARFAIT ET PLUS-QUE-PARFAIT. *Verberaverim.*

Sing.   τετύφοιμι,   τετύφοις,   τετύφοι, etc.

AORISTE 1. *Verbaverim.*

Sing.   τύψαιμι,   τύψαις,   τύψαι.
Duel.   τύψαιτον,   τυψαίτην.
Plur.   τύψαιμεν,   τύψαιτε,   τύψαιεν.

AORISTE 2. *Verberaverim.*

Sing.   τύποιμι,   τύποις,   τύποι, etc.

D. *Conjuguez l'impératif* τύπτε, *verbera.*

R. # IMPÉRATIF.

PRÉSENT. *Verbera, frappe.*

Sing.	τύπτε,	τυπτέτω.
Duel.	τύπτετον,	τυπτέτων.
Plur.	τύπτετε,	τυπτέτωσαν.

PARFAIT et PLUS-QUE-PARFAIT. *Verberaveris.*

| Sing. | τέτυφε, | τετυφέτω, etc. |

AORISTE 1. *Verberaveris.*

Sing.	τύψον,	τυψάτω.
Duel.	τύψατον,	τυψάτων.
Plur.	τύψατε,	τυψάτωσαν.

AORISTE 2. *Verberaveris.*

| Sing. | τύπε, | τυπέτω, etc. |

D. Comment τύπτω *fait-il à l'infinitif pour tous les temps?*

R. # INFINITIF.

PRÉSENT. τύπτειν, *verberare, frapper.*

Futur 1	τύψειν, *verberaturum esse.*
Futur 2	τυπεῖν.
Aoriste 1	τύψαι, *verberavisse.*
Aoriste 2	τυπεῖν.
Parf. et Plus-que-p.	τετυφέναι.

D. Comment τύπτω *fait-il aux participes pour tous les temps?*

R.   PARTICIPE.

PRÉSENT. *Verberans.*

Nom.	τύπτων,	τύπτουσα,	τύπτον.
Gén.	τύπτοντος,	τυπτούσης,	τύπτοντος.

FUTUR 1. *Verberaturus.*

Nom.	τύψων,	τύψουσα,	τύψον.
Gén.	τύψοντος,	τυψούσης,	τύψοντος.

FUTUR 2. *Verberaturus.*

Nom.	τυπῶν,	τυποῦσα,	τυποῦν.
Gén.	τυποῦντος,	τυπούσης,	τυποῦντος.

PARFAIT et PLUS-QUE-PARFAIT. *Qui verberavit.*

Nom.	τετυφὼς,	τετυφυῖα,	τετυφὸς.
Gén.	τετυφότος,	τετυφυίας,	τετυφότος.

AORISTE 1. *Qui verberavit.*

Nom.	τύψας,	τύψασα,	τύψαν.
Gén.	τύψαντος,	τυψάσης,	τύψαντος.

AORISTE 2. *Qui verberavit.*

Nom.	τυπὼν,	τυποῦσα,	τυπὸν.
Gén.	τυπόντος,	τυπούσης,	τυπόντος.

Tous les participes actifs sont de la cinquième

déclinaison, et se déclinent comme les noms. Le féminin est toujours de la seconde. P. 31, 1er part.

REMARQUES SUR LES TERMINAISONS DE LA VOIX ACTIVE.

Il faut, au commencement, que les enfants répondent aux interrogations suivantes, ayant les yeux sur la table.

D. Combien dans l'actif chaque mode a-t-il de terminaisons, et quelles sont-elles ?

R. L'indicatif actif a quatre terminaisons : ω pour le présent et les futurs ; τύπτω, τύψω, τυπῶ : ον pour l'imparfait et l'aoriste second ; ἔτυπτον, ἔτυπον : α pour l'aoriste premier et le parfait ; ἔτυψα, τέτυφα : ειν pour le plus-que-parfait ; ἐτετύφειν. Le subjonctif n'en a qu'une : ω. L'optatif, deux : οιμι, et pour l'aoriste premier αιμι. L'impératif, deux : ε, et pour l'aoriste premier ον. L'infinitif, trois : ειν, et pour l'aoriste premier αι, et pour le parfait έναι. Les participes, trois : ων, et pour l'aoriste premier ας, et pour le parfait ώς.

Observez que l'aoriste premier retient l'α presque partout.

D. Que remarquez-vous sur la seconde et la troisième personne du singulier?

R. Je remarque que la seconde personne du singulier a toujours un ς à la fin, et que la troisième ne l'a jamais, τύπτεις, τύπτει; ἔτυπτες, ἔτυπτε, etc.

6.

Ceci, et ce qui suit, ne s'entend que des modes entiers : indicatif, subjonctif et optatif.

D. *Que remarquez-vous sur le pluriel?*

R. Je remarque sur le pluriel que la première personne est toujours en μεν : τύπτομεν, ἐτύψαμεν, τετύφαμεν, etc. La seconde est en τε; τύπτετε, τετύφατε, etc.; et la troisième en σι au présent, futurs et parfait de l'indicatif et dans tout le subjonctif.

D. *Que remarquez-vous sur le duel?*

R. Je remarque que, dans tout l'actif, le duel n'a point de première personne; que la seconde et la troisième sont semblables, τον, τον, lorsque la troisième du pluriel est en σι; et qu'ailleurs elles sont τον, την.

TERMINAISONS

DE LA VOIX MOYENNE.

D. *Conjuguez l'indicatif moyen* τύπτομαι, *verbero et verberor, je frappe et je suis frappé.*

R.   INDICATIF.

PRÉSENT.

Sing.	τύπτομαι,	τύπτῃ,	τύπτεται.
Duel.	τυπτόμεθον,	τύπτεσθον,	τύπτεσθον.
Plur.	τυπτόμεθα,	τύπτεσθε,	τύπτονται.

IMPARFAIT. *Verberabam et -bar.*

Sing.	ἐτυπτόμην,	ἐτύπτου,	ἐτύπτετο.
Duel.	ἐτυπτόμεθον,	ἐτύπτεσθον,	ἐτυπτέσθην.
Plur.	ἐτυπτόμεθα,	ἐτύπτεσθε,	ἐτύπτοντο.

FUTUR 1. *Verberabo et -bor.*

Sing. τύψομαι, τύψη, τύψεται, etc.

FUTUR 2. *Verberabo et -bor.*

Sing. τυποῦμαι, τυπῇ, τυπεῖται, etc.

FUTUR 3. *Mox verberabor.*

Sing. τετύψομαι, τετύψη, τετύψεται, etc.

PARFAIT. *Verberavi et verberatus fui.*

Sing. τέτυπα, τέτυπας, τέτυπε, etc.

PLUS-QUE-PARF. *Verberaveram et -tus fueram.*

Sing. ἐτετύπειν, ἐτετύπεις, ἐτετύπει, etc.

AORISTE 1. *Verberavi et -tus fui.*

Sing. ἐτυψάμην, ἐτύψω, ἐτύψατο, etc.

AORISTE 2. *Verberavi et -tus fui.*

Sing. ἐτυπόμην, ἐτύπου, ἐτύπετο, etc.

D. *Conjuguez le subjonctif* τύπτωμαι, *verberem et verberer.*

R.

SUBJONCTIF

PRÉSENT.

Sing. τύπτωμαι,   τύπτη,   τύπτηται.
Duel. τυπτώμεθον,   τύπτησθον,   τύπτησθον.
Plur. τυπτώμεθα,   τύπτησθε,   τύπτωνται.

AORISTE OU FUTUR 1.

Sing. τύψωμαι,   τύψη,   τύψηται, etc.

AORISTE OU FUTUR 2.

Sing. τύπωμαι,   τύπη,   τύπηται, etc.

PARFAIT ET PLUS-QUE-PARFAIT.

Sing. τετύπω,   τετύπης,   τετύπη, etc.

D. *Conjuguez l'optatif* τυπτοίμην, *verberem et verberer.*

R.

OPTATIF.

PRÉSENT.

Sing. τυπτοίμην,   τύπτοιο,   τύπτοιτο.
Duel. τυπτοίμεθον,   τύπτοισθον,   τυπτοίσθην.
Plur. τυπτοίμεθα,   τύπτοισθε,   τύπτοιντο.

FUTUR 1.

Sing. τυψοίμην,   τύψοιο,   τύψοιτο, etc.

FUTUR 2.

Sing. τυποίμην,   τυποῖο,   τυποῖτο, etc.

FUTUR 3.

Sing. τετυψοίμην,   τετύψοιο,   τετύψοιτο, etc.

PARFAIT et PLUS-QUE-PARFAIT.

Sing. τετύποιμι,   τετύποις,   τετύποι, etc.

AORISTE 1.

Sing. τυψαίμην,   τύψαιο,   τύψαιτο, etc.

AORISTE 2.

Sing. τυποίμην,   τύποιο,   τύποιτο, etc.

D. Conjuguez l'impératif τύπτου, *verbera et verberare.*

R.　　　IMPÉRATIF

PRÉSENT.

Sing. τύπτου,   τυπτέσθω.
Duel. τύπτεσθον,   τυπτέσθων.
Plur. τύπτεσθε,   τυπτέσθωσαν.

PARFAIT et PLUS-QUE-PARFAIT.

Sing. τέτυπε,   τετυπέτω, etc.

AORISTE 1.

Sing. τύψαι,   τύψασθω, etc.

AORISTE 2.

Sing. τυποῦ,   τυπέσθω, etc.

D. *Comment le moyen* τύπτομαι *fait-il à l'infinitif pour tous les temps?*

R.   INFINITIF.

Présent.   τύπτεσθαι.
Futur 1.   τύψεσθαι.
Futur 2.   τυπεῖσθαι.
Futur 3.   τετύψεσθαι.
Parf. et plus-que-parf.   τετυπέναι.
Aoriste 1.   τύψασθαι.
Aoriste 2.   τυπέσθαι.

D. *Comment le moyen* τύπτομαι *fait-il aux participes pour tous les temps?*

R.   PARTICIPE.

Présent et imparfait.	τυπτόμενος,	η,	ον.
Futur 1.	τυψόμενος,	η,	ον.
Futur 2.	τυπούμενος,	η,	ον.
Futur 3.	τετυψόμενος,	η,	ον.
Parf. et plus-que-parf.	τετυπὼς,	υῖα,	ὸς.
Aoriste 1.	τυψάμενος,	η,	ον.
Aoriste 2.	τυπόμενος,	η,	ον.

Le participe du parfait moyen est de la cinquième déclinaison comme celui de l'actif : génitif τετυπότος, τετυπυίας, τετυπότος. Les autres sont de la troisième ; le présent ayant au génitif τυπτομένου, τυπτομένης, τυπτομένου ; et ainsi des autres.

REMARQUES SUR LES TERMINAISONS DE LA VOIX
MOYENNE.

D. *Combien y a-t-il de sortes de terminaisons
dans le moyen?*

R. Dans le moyen il y a deux sortes de terminaisons, l'active et la passive.

D. *A quels temps appartient la terminaison
active?*

R. La terminaison active appartient au prétérit
parfait et au plus-que-parfait de tous les modes. Ces
deux temps dans le moyen se conjuguent entièrement comme dans l'actif.

Parf. act.	*Parf. m.*	*Plusq. act.*	*Plusq. m.*
τέτυφα,	τέτυπα ;	ἐτετύφειν,	ἐτετύπειν.
τετύφω,	τετύπω ;	τετύφοιμι,	τετύποιμι.
τέτυφε,	τέτυπε ;	τετυφέναι,	τετυπέναι.
τετυφὼς,	τετυπὼς.		

La terminaison passive appartient aux autres
temps.

D. *Combien y a-t-il de terminaisons dans les
autres temps?*

R. Dans les autres temps il n'y a que deux terminaisons, μαι et μην. μαι a au singulier la seconde
η, la troisième ται; au duel, la seconde et la troisième semblables θον, θον; et au pluriel la troisième
νται : τύπτομαι, τύπτῃ, τύπτεται ; τύπτεσθον, τύπτεσθον ;

τύπτονται. μην a la troisième personne au singulier
το, au duel σθην, au pluriel ντο. : ἐτυπτόμην, ἐτύ-
πτετο ; ἐτυπτέσθην ; ἐτύπτοντο.

Μαι et μην ont également et partout la première
personne du duel μεθον, et la seconde θον; la première personne du pluriel μεθα, et la seconde θε :
τύπτομαι; τυπτόμεθον, τύπτεσθον; τυπτόμεθα, τύπτεσθε :
ἐτυπτόμην; ἐτυπτόμεθον, ἐτύπτεσθον; ἐτυπτόμεθα, ἐτύ-
πτεσθε.

Prenez garde dans ces deux voix de ne pas con-
fondre ε avec η, τ avec θ, et distinguez bien μεν,
τον, τε de l'actif, d'avec μην, θον, θε du moyen.

Le futur troisième ou *paulo-post-futur* n'a que
la signification passive.

TERMINAISONS

DE LA VOIX PASSIVE.

D. *Conjuguez l'indicatif passif* τύπτομαι, *ver-*
beror, je suis frappé.

R.   INDICATIF.

PRÉSENT.

Sing.	τύπτομαι,	τύπτῃ,	τύπτεται.
Duel.	τυπτόμεθον,	τύπτεσθον,	τύπτεσθον.
Plur.	τυπτόμεθα,	τύπτεσθε,	τύπτονται.

IMPARFAIT.

Sing.	ἐτυπτόμην,	ἐτύπτου,	ἐτύπτετο.
Duel.	ἐτυπτόμεθον,	ἐτύπτεσθον,	ἐτυπτέσθην.
Plur.	ἐτυπτόμεθα,	ἐτύπτεσθε,	ἐτύπτοντο.

FUTUR 1. *Verberabor.*

Sing.	τυφθήσομαι,	τυφθήσῃ,	τυφθήσεται.
Duel.	τυφθησόμεθον,	τυφθήσεσθον,	τυφθήσεσθον.
Plur.	τυφθησόμεθα,	τυφθήσεσθε,	τυφθήσονται.

FUTUR 2. *Verberabor.*

Sing.	τυπήσομαι,	τυπήσῃ,	τυπήσεται, etc.

AORISTE 1. *Verberatus sum.*

Sing.	ἐτύφθην,	ἐτύφθης,	ἐτύφθη.
Duel.		ἐτύφθητον,	ἐτυφθήτην.
Plur.	ἐτύφθημεν,	ἐτύφθητε,	ἐτύφθησαν.

AORISTE 2. *Verberatus sum.*

Sing.	ἐτύπην,	ἐτύπης,	ἐτύπη, etc.

PARFAIT. *Verberatus sum.*

Sing.	τέτυμμαι,	τέτυψαι,	τέτυπται.
Duel.	τετύμμεθον,	τέτυφθον,	τέτυφθον.
Plur.	τετύμμεθα,	τέτυφθε,	τετυμμένοι εἰσί.

PLUS-QUE-PARFAIT. *Verberatus eram.*

Sing.	ἐτετύμμην,	ἐτέτυψο,	ἐτέτυπτο.
Duel.	ἐτετύμμεθον,	ἐτέτυφθον,	ἐτετύφθην.
Plur.	ἐτετύμμεθα,	ἐτέτυφθε,	τετυμμένοι ἦσαν.

D. *Conjuguez le subjonctif passif* τύπτωμαι, *verberer.*

R.   SUBJONCTIF.

PRÉSENT et IMPARFAIT.

Sing.   τύπτωμαι,   τύπτῃ,   τύπτηται,

etc., comme au moyen.

AORISTE OU FUTUR 1.

Sing.   τυφθῶ,   τυφθῇς,   τυφθῇ.
Duel.   τυφθῆτον,   τυφθῆτον.
Plur.   τυφθῶμεν,   τυφθῆτε,   τυφθῶσι.

AORISTE OU FUTUR 2.

Sing.   τυπῶ,   τυπῆς,   τυπῇ, etc.

PARFAIT et PLUS-QUE-PARFAIT.

Sing.   τετυμμένος ὦ, ῆς, ῇ, etc.

D. *Conjuguez l'optatif passif* τυπτοίμην, *verberer.*

R.   OPTATIF.

PRÉSENT et IMPARFAIT.

Sing.   τυπτοίμην,   τύπτοιο,   τύπτοιτο,

etc., comme au moyen.

FUTUR 1.

Sing.   τυφθησοίμην,   τυφθήσοιο,   τυφθήσοιτο.

Duel. τυφθησοίμεθον, τυφθήσοισθον, τυφθησοίσθην.
Plur. τυφθησοίμεθα, τυφθήσοισθε, τυφθήσοιντο.

FUTUR 2.

Sing. τυπησοίμην, τυπήσοιο, τυπήσοιτο, etc.

AORISTE I.

Sing. τυφθείην, τυφθείης, τυφθείη, etc.

AORISTE 2.

Sing. τυπείην, τυπείης, τυπείη, etc.

PARFAIT et PLUS-QUE-PARFAIT.

Sing. τετυμμένος εἴην, εἴης, εἴη, etc.

D. *Conjuguez l'impératif passif* τύπτου, *verberare.*

R. IMPÉRATIF.

PRÉSENT et IMPARFAIT.

Sing. τύπτου, τυπτέσθω,
etc., comme au moyen.

AORISTE I.

Sing. τύφθητι, τυφθήτω.
Duel. τύφθητον, τυφθήτων.
Plur. τύφθητε, τυφθήτωσαν.

AORISTE 2.

Sing. τύπηθι, τυπήτω, etc.

PARFAIT et PLUS-QUE-PARFAIT.

Sing.　τέτυψο,　　　　τετύφθω.
Duel.　τέτυφθον,　　　τετύφθων.
Plur.　τέτυφθε,　　　τετύφθωσαν.

D. Comment le passif τύπτομαι *fait-il à l'infi-nitif pour tous les temps?*

R.　　　　　INFINITIF.

Présent et imparfait.　τύπτεσθαι,

comme au moyen.

Futur 1.　　　　τυφθήσεσθαι.
Futur 2.　　　　τυπήσεσθαι.
Aoriste 1.　　　τυφθῆναι.
Aoriste 2.　　　τυπῆναι.
Parf. et plus-que-parf.　τετύφθαι.

D. Comment le passif τύπτομαι *fait-il aux participes pour tous les temps?*

R.　　　　　PARTICIPES.

Présent et imparfait.　τυπτόμενος,　　η,　　ον,

etc., comme au moyen.

Futur 1.　　　　τυφθησόμενος,　η,　ον.
Futur 2.　　　　τυπησόμενος,　η,　ον.
Aoriste 1.　　　τυφθείς,　　εῖσα,　έν.
Aoriste 2.　　　τυπείς,　　εῖσα,　έν.
Parf. et plus-que-parf.　τετυμμένος,　η,　ον.

Les participes aoriste 1 et aoriste 2 du passif
sont de la cinquième déclinaison, comme dans
l'actif.

<table>
<tr><td rowspan="4">GÉNITIF.</td><td colspan="3" align="center">AORISTE 1.</td></tr>
<tr><td>τυφθέντος,</td><td>τυφθείσης,</td><td>τυφθέντος.</td></tr>
<tr><td colspan="3" align="center">AORISTE 2.</td></tr>
<tr><td>τυπέντος,</td><td>τυπείσης,</td><td>τυπέντος.</td></tr>
</table>

Les autres sont de la troisième déclinaison.
comme dans le moyen.

REMARQUES SUR LES TERMINAISONS DE LA VOIX PASSIVE.

D. *Combien y a-t-il de sortes de terminaisons
dans le passif?*

R. On ôtant du passif le présent et l'imparfait
qui sont les mêmes que dans le moyen, il ne reste
plus que deux sortes de terminaisons : la première
pour les futurs et aoristes; la seconde pour le parfait et le plus-que-parfait.

D. *Comment se fait la terminaison des futurs et
aoristes passifs ?*

R. La terminaison des futurs et aoristes se fait
par θη : le futur 1 y ajoute σομαι; θήσομαι, τυφθήσομαι, et se conjugue comme dans le moyen. L'aoriste 1 ajoute ν; θην, ἐτύφθην, et se conjugue à la manière de l'actif.

Le Futur second se termine comme le futur 1, et l'aoriste 2 comme l'aoriste premier, excepté qu'ils ôtent le θ de la terminaison : τυφθήσομαι, τυπήσομαι; ἐτύφθην, ἐτύπην.

Les aoristes 1 et 2 se conjuguent à la manière de l'actif, en ce qu'ils ont au singulier le ς à la seconde personne, le perdant à la troisième ; ayant au duel, τον , την, sans première personne ; et au pluriel, μεν, à la première personne; et τε, à la seconde.

D. Quelle est la terminaison du parfait et du plus-que-parfait?

R. Le parfait est terminé en μαι, le plus-queparfait en μην, et se ils conjuguent comme μαι et μην du moyen, excepté la seconde personne σαι, σο.

D. Μαι et μην dans le moyen ont un σ devant θου, θην, θε, au duel et au pluriel ; et dans le parfait et plus-que-parfait passifs, le σ n'y est point. Il y a donc de la différence ; d'où vient-elle ?

R. Cette différence vient de ce qu'au moyen la terminaison μαι et μην est toujours pure ou précédée d'une voyelle ; au lieu que dans le parfait et le plus-que-parfait passifs elle n'est pas pure dans tous les verbes ; mais dans les verbes où elle se trouve pure ou précédée d'un σ, le σ se trouve aussi devant θου, θην, θε, au duel et au pluriel.

D. Donnez-en quelques exemples.

R. Τίω, *honoro, j'honore.* Prét. passif τέτιμαι, *honoratus sum.*

Sing. τέτιμαι,   τέτισαι,   τέτιται.
Duel. τετίμεθον,   τέτισθον,   τέτισθον.
Plur. τετίμεθα,   τέτισθε,   τέτινται.

De même πλάσσω, *formo*, *je forme*. Prét. passif
πέπλασμαι, *formatus sum*.

Sing. πέπλασμαι,   πέπλασαι,   πέπλασται.
Duel. πεπλάσμεθον,   πέπλασθον,   πέπλασθον.
Plur. πεπλάσμεθα,   πέπλασθε,   πεπλασμένοι εἰσί.

Et ainsi le plus-que-parf. ἐτετίμην, ἐπεπλάσμην.

La troisième personne du pluriel se fait quelquefois par circonlocution : et cette circonlocution se
fait avec le nominatif pluriel du participe parfait,
et la troisième personne du pluriel du verbe εἰμὶ
au présent : τετυμμένοι εἰσὶ, πεπλασμένοι εἰσί; comme
en latin *verberati sunt, formati sunt.* Pour le plus-
que-parfait, le verbe εἰμὶ se met à la troisième personne du pluriel de l'imparfait, τετυμμένοι ἦσαν, *verberati erant* ou *fuerant.*

D. *Quand est-ce qu'on se sert de circonlocution
pour la troisième personne du pluriel ?*

R. On se sert de circonlocution pour la troisième
personne du pluriel au prétérit passif et au plus-
que-parfait passif, lorsque la terminaison μαι et μην
n'est pas pure ; mais lorsque cette terminaison est
pure on ne se sert point de circonlocution : comme
τέτιμαι, *honoratus sum*; τέτινται, *honorati sunt*;
ἐτετίμην, *honoratus eram* ou *fueram*; ἐτέτιντο,
honorati erant ou *fuerant.*

Dans le subjonctif et l'optatif, le parfait et le plus-que-parfait se font entièrement par une semblable circonlocution. Il n'y a alors que le verbe εἰμὶ qui se conjugue, et il faut mettre le participe au nombre et au genre qui convient, comme on fait en latin.

CHAPITRE II.

DE L'AUGMENT.

D. *Combien y a-t-il de sortes d'augments?*

R. Il y a deux sortes d'augments : l'augment *Syllabique* et l'augment *Temporel*.

D. *Quels sont les verbes qui ont l'augment syllabique, et quels sont ceux qui ont l'augment temporel?*

R. L'augment syllabique est pour les verbes qui commencent par une consonne, et l'augment temporel pour ceux qui commencent par une voyelle ou une diphthongue.

TABLE

DE L'AUGMENT SYLLABIQUE ET DES TEMPS QUI
ONT L'AUGMENT.

ε Imparfait.

ε Aoriste 1 *de l'indicatif.*

ε Aoriste 2 *de l'indicatif.*

† ε Parfait *dans tous les modes.*

ε † ε Plus-que-parfait.

† ε Futur troisième.

D. *Combien y a-t-il d'augments syllabiques?*

R. Il y a trois augments syllabiques : le simple,
le double et le triple.

D. *Comment se fait l'augment syllabique simple, et quels sont les temps qui le reçoivent?*

R. L'augment syllabique simple se fait en ajoutant un ε au commencement du mot : les temps qui
reçoivent cet augment sont l'imparfait et les deux
aoristes, seulement dans l'indicatif. Ainsi du présent
τύπτω se fait l'imparfait ἔτυπτον, l'aoriste 1 ἔτυψα,
l'aoriste 2 ἔτυπον. De même, de γράφω, *scribo, j'é-
cris;* imparfait ἔγραφον, aoriste 1 ἔγραψα, aoriste 2
ἔγραφον.

D. *Comment se fait l'augment syllabique double, et quels sont les temps qui le reçoivent?*

R. L'augment syllabique double se fait en mettant
la première lettre du mot devant l'augment simple.

Les temps qui reçoivent cet augment sont le parfait dans tous les modes, et le futur 3 partout où il se trouve. Ainsi de τύπτω, parfait τέτυφα, τετύφω, τετύφοιμι, τέτυφε, τετυφέναι, τετυφώς; futur 3 τετύψομαι, τετυψοίμην, τετυψόμενος. De même, de γράφω: γέγραφα, γεγράφω, γεγράφοιμι, γέγραφε, γεγραφέναι, γεγραφώς; futur 3 γεγράψομαι, etc.

Dans la table, cette marque † tient lieu de la première lettre du mot, quelle qu'elle soit.

D. *Quand le verbe commence par une aspirée, faut-il prendre cette aspirée pour l'augment double?*

R. Quand le verbe commence par une aspirée, il faut prendre la tenue pour l'augment double; parce que l'augment syllabique ne doit jamais être aspiré. Ainsi φύρω, *misceo, je mêle;* imparf. ἔφυρον, parf. πέφυρκα, et non φέφυρκα; θάλλω, *vireo, je suis vert,* imparf. ἔθαλλον, parf. τέθαλκα; χαίρω, *gaudeo, je me réjouis,* imparf. ἔχαιρον, parf. κέχαρκα.

D. *A quel temps se donne l'augment syllabique triple, et comment se fait-il?*

R. L'augment syllabique triple ne se donne qu'au plus-que-parfait, et il se fait en ajoutant ε à l'augment double : τέτυφα, ἐτετύφειν; γέγραφα, ἐγεγράφειν; πέφυρκα, ἐπεφύρκειν.

D. *Tous les verbes qui ont l'augment syllabique, ont-ils cet augment double et triple?*

R. Lorsque l'augment simple se trouve long par position, il reste simple dans tous les temps qui ont augment. Ainsi les verbes qui commencent par deux consonnes, par une lettre double, ou par un ῥ, ont partout l'augment simple : comme

PRÉSENT.

σπείρω,	semino,	*je sème.*
ψάλλω,	psallo,	*je joue, je chante.*
ξέω,	rado,	*je ratisse.*
ζέω,	ferveo,	*je suis échauffé.*
ῥίπτω,	projicio,	*je jette en avant.*

IMPARFAIT.	PARFAIT.
ἔσπειρον,	ἔσπαρκα.
ἔψαλλον,	ἔψαλκα.
ἔξεον,	ἔξεκα.
ἔζεον,	ἔζεκα.
ἔῤῥιπτον,	ἔῤῥιφα.

Les verbes qui commencent par un ῥ doublent toujours cette lettre après l'augment simple ; ce qui le rend long par position.

Il ne faut point épargner aux enfants ces longues suites d'exemples, ce sont autant de mots et de racines qu'ils apprennent.

D. Γράφω *qui commence par deux consonnes, a cependant l'augment double au prétérit* γέγραφα.

R. Dans les verbes qui commencent par deux consonnes, dont l'une est muette et l'autre liquide, l'augment n'est pas ordinairement censé long par position.

Il faut en dire de même de ceux qui commencent par κτ, πτ, μν, qui quelquefois prennent l'augment double, et quelquefois ne le prennent pas, comme on le verra par l'usage.

DE L'AUGMENT TEMPOREL.

D. *Comment se fait l'augment temporel?*

R. L'augment temporel se fait en changeant la voyelle ou la diphthongue qui commence le mot, en une autre longue ou plus longue.

Cet augment s'appelle temporel, parce qu'il augmente dans les verbes, non le nombre des syllabes, comme le syllabique, mais le temps ou la quantité de la première syllabe.

D. *Tous les verbes qui commencent par une voyelle ou diphthongue ont-ils l'augment temporel?*

R. Il y a des voyelles et des diphthongues muables, il y en a d'immuables. Les verbes qui commencent par des immuables n'ont point d'augment.

TABLE DE L'AUGMENT TEMPOREL.

MUABLES en		IMMUABLES.	QUELQUEFOIS en	
α	η.	η.	ε	ει.
ε	η.	ω.	εο	εω.
ο	ω.	ι.	IMMUABLES.	
αι	ῃ.	υ.		α.
αυ	ηυ.	ει.		οι.
οι	ῳ.	ευ.		
		ου.		

D. *Donnez des exemples des voyelles et des diphthongues muables, et de la manière dont se fait l'augment temporel.*

R.   PRÉSENT.

ἀνύω,	perficio,	*j'achève.*
ἐρύω,	traho,	*j'entraîne.*
ὀρέγω,	porrigo,	*j'étends.*
αἴρω,	attollo,	*j'élève.*
αὐχέω,	glorior,	*je me glorifie.*
οἴγω,	aperio,	*j'ouvre.*

IMPARFAIT.

ἤνυον,	perficiebam,	*j'achevais.*
ἤρυον,	trahebam,	*j'entraînais.*
ὤρεγον,	porrigebam,	*j'étendais.*
ἦρον,	attollebam,	*j'élevais.*
ηὔχεον,	gloriabar,	*je me glorifiais.*
Parf. ᾦχα,	aperui,	*j'ai ouvert.*

Cet augment reste le même, c'est-à-dire simple, dans tous les temps qui ont augment.

D. *Ces changements se font-ils ainsi sans exception?*

R. L'exception la plus remarquable, c'est que plusieurs verbes changent ε en ει, comme ἔχω, *habeo, j'ai,* imparf. εἶχον, *habebam;* ἔπω, *dico, je dis,* aoriste 2 εἶπον, *dixi.*

D. *Quels sont les temps qui reçoivent l'augment?*

R. Les temps qui reçoivent l'augment sont l'imparfait, les deux aoristes dans l'indicatif seulement, le parfait, le plus-que-parfait et le paulo-post-futur ou futur 3.

Les verbes composés de quelques particules ou prépositions prennent l'augment les uns avant, les autres après, quelques-uns avant et après la préposition.

CHAPITRE III.

DES FIGURATIVES ET DES CONJUGAISONS.

Les conjugaisons en grec ne se distinguent pas par la terminaison comme en latin : car la terminaison, telle que nous l'avons donnée, est la même dans toutes les conjugaisons. Elles se distinguent par la Figurative, ou lettre Caractéristique. Nous avons déjà dit ce que c'est que la figurative, p. 92.

Dans chaque conjugaison il y a trois figuratives, celle du présent, du futur et du prétérit parfait; et ces trois figuratives se distribuent aux autres temps comme nous le dirons bientôt.

TABLE

DES CONJUGAISONS ET DES FIGURATIVES.

PRÉS.	FUT.	PARF.	PRÉS.	FUT.	PARF.
	I.		μω	μῶ	μηκα
πω			μνω		
βω					
φω	ψω	φα		**VI en ω pur.**	
πτω				ἄσω	ακα
	II.		ἀω	ἤσω	ηκα
κω				ἔσω	εκα
γω			ἐω.	ἤσω	ηκα
χω	ξω	χα		εὔσω	ευκα
κτω			ἰω	ἴσω	ικα
	III.			ὄσω	οκα
τω			ὀω	ὤσω	ωκα
δω	σω	κα	ὐω	ὔσω	υκα
θω			ὠω	ὤσω	ωκα
	IV.			αἴσω	αικα
ζω	ξω	χα	αιω	αὔσω	αυκα
	σω	κα	αὐω	αὔσω	αυκα
σσω	ξω	χα	ειω	εἴσω	εικα
	σω	κα	ευω	εὔσω	ευκα
	V.		οιω	οἴσω	οικα
λω	λῶ	λκα	ουω	οὔσω	ουκα
λλω			υιω	υἴσω	υικα
ρω	ρῶ / ρσω	ρκα			
νω	νῶ	γκα / κα			

D. Combien y a-t-il de conjugaisons, et quelles figuratives ont-elles au présent?

R. Il y a six conjugaisons; les trois premières ont, pour figuratives au présent, les trois premières consonnes de l'alphabet, *Béta*, *Gamma*, *Delta*, avec les autres muettes; la quatrième a les sifflantes; la cinquième, les liquides; la sixième, les voyelles et les diphthongues, et par conséquent elle est en ω pur.

D. Quelles terminaisons ont les six conjugaisons en y joignant la figurative du présent?

.*R.* La première a   βω,   πω,   φω;   πτω.
La seconde   γω,   κω,   χω;   κτω.
La troisième   δω,   τω,   θω.
La quatrième   ζω,   σσω.
La cinquième   λω,   μω,   νω,   ρω;   μνω.
La sixième ω pur   εω,   αω,   οω,   υω,   etc.

Dans les verbes terminés en πτω, κτω, μνω, la première consonne est la figurative, et non pas le τ ni le ν; ces lettres ne subsistant qu'au présent et à l'imparfait. Ainsi πτω est de la première conjugaison, comme πω; κτω de la seconde, comme κω; et μνω de la cinquième, comme μω.

Les Attiques disent ττω, au lieu de σσω, dans la quatrième conjugaison.

D. Quelle est la figurative du futur?

R. La figurative du futur est σ, ou seule ou renfermée dans une lettre double. Ainsi, le futur a ψω, ξω, σω; excepté la cinquième conjugaison, d'où l'on a ôté le σ, et qui a gardé la figurative du présent: λῶ, μ.ῶ, νῶ, ρῶ.

Quelques-uns en ρω ont cependant gardé le σ, et ont aussi le futur en ρσω: ὄρω, *excito, j'excite;* futur ὀρῶ et ὄρσω.

Quelques autres de la quatrième et de la sixième conjugaison font aussi le futur sans σ; νομίζω, *puto, je pense;* futur νομίσω et νομιῶ.

D. Quelle est la figurative du parfait?

R. La figurative du parfait est φ, χ, κ.

Les verbes qui ont la double au futur, ont l'aspirée au parfait ; et ceux qui ont la simple ou une liquide au futur, ont au parfait la tenue : ψω , φα; ξω, χα; σω, κα; λω, κα.

EXEMPLES

DES TROIS FIGURATIVES DE CHAQUE CONJUGAISON.

D. Donnez des exemples des verbes de la première conjugaison.

R.   Iʳᵉ CONJUGAISON, βω.

PRÉSENT.

λείβω,	libo,	*je fais des libations.*
τέρπω,	delecto,	*je plais.*

| γράφω, | scribo, | *j'écris.* |
| τύπτω, | verbero, | *je frappe.* |

FUTUR I.	PARFAIT.
λείψω,	λέλειφα.
τέρψω,	τέτερφα.
γράψω,	γέγραφα.
τύψω,	τέτυφα.

*D. Donnez des exemples des verbes de la se-
conde conjugaison.*

R.   IIᵉ CONJUGAISON, γω.

PRÉSENT.

λέγω,	dico,	*je dis.*
πλέκω,	plico,	*je plie.*
βρέχω,	madefacio,	*je mouille.*
τίκτω,	pario,	*je produis.*

FUTUR I.	PARFAIT.
λέξω,	λέλεχα.
πλέξω,	πέπλεχα.
βρέξω,	βέβρεχα.
τέξω,	τέτεχα.

Nous parlerons de ce dernier dans les verbes
défectifs.

*D. Donnez des exemples des verbes de la troi-
sième conjugaison.*

R.   **IIIe CONJUGAISON, δω.**

PRÉSENT.

ψεύδω,	fallo,	*je trompe.*
ἀνύτω,	perficio,	*je perfectionne.*
πέρθω,	perdo,	*je perds.*

FUTUR I.   PARFAIT.

ψεύσω,	ἔψευκα.
ἀνύσω,	ἤνυκα.
πέρσω.	πέπερκα.

D. Donnez des exemples des verbes de la quatrième conjugaison.

R.   **IVe CONJUGAISON, ζω.**

PRÉSENT.

κράζω,	clamo,	*je crie.*
ὀρύσσω,	fodio,	*je fouis, je creuse.*

et

φράζω,	loquor,	*je parle.*
πλάσσω,	formo,	*je forme.*

FUTUR I.   PARFAIT.

κράξω,	κέκραχα.
ὀρύξω,	ὤρυχα.

et

φράσω,	πέφρακα.
πλάσω,	πέπλακα.

D. *Donnez des exemples des verbes de la cinquième conjugaison.*

R.   Vᶜ CONJUGAISON, λω.

PRÉSENT.

ψάλλω,	canto,	*je chante.*
σπείρω,	semino,	*je sème.*
φαίνω,	luceo,	*je luis.*
κρίνω,	judico,	*je juge.*
νέμω,	distribuo,	*je distribue.*
τέμνω,	scindo,	*je fends.*

FUTUR I.	PARFAIT.
ψαλῶ,	ἔψαλκα.
σπερῶ,	ἔσπαρκα.
φανῶ,	πέφαγκα.
κρινῶ,	κέκρικα.
νεμῶ,	νενέμηκα.
τεμῶ,	τετέμηκα.

Remarquez dans cette 5ᶜ conjugaison: 1° que la figurative du présent étant liquide, elle reste devant la figurative du parfait. 2° Que dans les verbes en νω, ν se change en γ devant κα, mais se prononce toujours comme ν; et quelquefois dans les dissyllabes elles se perd. 3º Que dans les verbes en μω, on met η entre μ et κα, et qu'on dit μηκα parce que μκα serait trop dur.

D. Donnez des exemples des verbes de la sixième conjugaison.

R.   VIᵉ CONJUGAISON.

PRÉSENT.

γελάω,	rideo,	je ris.
νικάω,	vinco,	je suis victorieux.
ἀρκέω,	sufficio,	je suffis.
αἰτέω,	peto,	je demande.
χέω,	fundo,	je répands, je verse.
ἀρόω,	aro,	je laboure.
βόω,	pasco,	je fais paître.
τίω,	honoro,	j'honore.
χρίω,	ungo,	j'oins.
καίω,	uro,	je brûle.

FUTUR I.   PARFAIT.

γελάσω,	γεγέλακα.
νικήσω,	νενίκηκα.
ἀρκέσω,	ἤρκεκα.
αἰτήσω,	ἤτηκα.
χεύσω,	κέχευκα.
ἀρόσω,	ἤροκα.
βώσω,	βέβωκα.
τίσω,	τέτικα.

$$\chi\rho\acute{\iota}\sigma\omega, \qquad\qquad \kappa\acute{\epsilon}\chi\rho\iota\kappa\alpha.$$
$$\kappa\alpha\acute{\upsilon}\sigma\omega, \qquad\qquad \kappa\acute{\epsilon}\kappa\alpha\upsilon\kappa\alpha.$$

Remarquez dans cette sixième conjugaison : 1° Que la figurative du présent, étant une voyelle ou une diphthongue, reste au futur et au prétérit devant les figuratives de ces temps, et que là elle s'appelle Pénultième. 2° Que cette figurative du présent reçoit quelquefois quelque changement au futur et au prétérit, la brève se changeant en longue : α, ε, en η; ο en ω, et autres changements que vous pourrez observer dans la table, et dont les dictionnaires ont soin d'avertir.

DE LA DISTRIBUTION DES TROIS FIGURATIVES.

Les trois figuratives de chaque verbe se distribuent à tous les autres temps en cette manière.

LA FIGURATIVE *du présent.*	LA FIGURATIVE *du futur.*	LA FIGURATIVE *du parfait.*
Aux présents.	Aux futurs 1.	Aux parf. act. et
Imparfaits.	Aoristes 1.	pass.
Futurs 2.	Futurs 3.	Aux pl.-q.-parf.
Aoristes 2.		act. et pass.
Parfait moyen.		
Pl.-q.-p. moyen.		

DISTRIBUTION DE LA FIGURATIVE DU PRÉSENT.

D. *Quels sont les temps qui ont la figurative du présent?*

R. La figurative du présent se donne à tous les présents : τύπτω, τύπτομαι, etc.; aux imparfaits : ἔτυπτον, ἐτυπτόμην, etc.; aux futurs 2 : τυπῶ, τυποῦμαι, etc.; aux aoristes 2 : ἔτυπον, ἐτυπόμην, etc.; aux parfaits et plus-que-parfaits du moyen : τέτυπα, ἐτετύπειν; et ainsi dans tous les modes.

De même : présent λέγω, λέγομαι; imparfait ἔλεγον, ἐλεγόμην; aoriste 2 semblable ἔλεγον, ἐλεγόμην; futur 2 λεγῶ, λεγοῦμαι; parfait et plus-que-parfait moyens λέλογα, ἐλελόγειν.

Il y a ici quelques exceptions. Quelquefois les futurs 2, aoristes 2 et les parfaits et plus-que-parfaits du moyen changent la figurative du présent de ces quatre manières :

1° La tenue en moyenne : καλύπτω, *occulto, je cache;* futur 2 καλυϐῶ; aor. 2 ἐκάλυϐον, etc.

2° La tenue en aspirée : ῥάπτω, *suo, je couds;* futur 2 ῥαφῶ; aoriste 2 ἔῤῥαφον, etc.

3° L'aspirée en moyenne : ψύχω, *refrigero, je rafraîchis;* futur 2 ψυγῶ; aoriste 2 ἔψυγον, etc.

4° ζ et σσ en δ, si le futur 1 a σ pour figurative, ou en γ, si le futur 1 a ξ : φράζω, *loquor, je parle;* futur 1 φράσω; futur 2 φραδῶ; aor. 2 ἔφραδον; — ὀρύσσω, *fodio, je fouis;* fut. 1 ὀρύξω; fut. 2 ὀρυγῶ; aor. 2 ὤρυγον.

DISTRIBUTION DE LA FIGURATIVE DU FUTUR.

D. Quels sont les temps qui ont la figurative du futur ?

R. La figurative du futur se donne à tous les futurs 1, τύψω, τύψομαι, etc.; à tous les aoristes 1, ἔτυψα, ἐτυψάμην, etc.; et au futur 3, τετύψομαι.

De même de λέγω, *dico* : λέξω, λέξομαι; ἔλεξα, ἐλεξάμην; λελέξομαι. De τίω, *honoro*, τίσω, τίσομαι; ἔτισα, ἐτισάμην; τετίσομαι. De χρίω, *ungo*, χρίσω, χρίσομαι; ἔχρισα, ἐχρισάμην; κεχρίσομαι.

L'aoriste 1, dans quelques verbes, garde la figurative du présent. ἔπω, *dico*, aoriste 1 εἶπα. Dans quelques autres il prend celle du parfait, comme nous le dirons dans les verbes en μι. Dans quelques autres enfin il perd le σ du futur, comme le futur même, ainsi que nous l'avons dit.

Il y a outre cela quelques exceptions pour les futurs 1 et aoristes 1 du passif.

1° Si la figurative du futur 1 actif est une liquide, ou, ce qui est la même chose, si le verbe est de la cinquième conjugaison, la liquide reste au passif, comme ψάλλω, *canto*, *je chante;* futur 1 actif ψαλῶ; passif futur 1 ψαλθήσομαι; aoriste 1 ἐψάλθην; à moins qu'elle n'ait été retranchée au parfait actif : comme κρίνω, *judico*, *je juge;* futur 1 κρινῶ; parfait κέκρικα; passif futur 1 κριθήσομαι; aoriste 1 ἐκρίθην.

2° Si la figurative du futur 1 actif est un σ, elle reste au passif, comme χρίω, *ungo*, *j'oins;* futur 1 actif χρίσω; passif χρισθήσομαι; aoriste 1 ἐχρίσθην. Cependant quelques verbes en ω pur perdent ce σ. Comme τίω, *honoro*, *j'honore;* futur 1 actif τίσω;

passif futur 1 τιθήσομαι; aoriste 1 ἐτίθην. Les dictionnaires ont soin de marquer cette différence.

3° Si la figurative du futur 1 actif est une lettre double, elle se change en aspirée, à cause de l'aspirée θ qui commence la terminaison. Ainsi ψ se change en φ, et ξ en χ; comme :

PRÉSENT.	F. 1 ACT.	FUT. 1 PASS.	AOR. 1 PASS.
τύπτω, *verbero,*	τύψω;	τυφθήσομαι,	ἐτύφθην.
λέγω, *dico,*	λέξω;	λεχθήσομαι,	ἐλέχθην.

DISTRIBUTION DE LA FIGURATIVE DU PARFAIT.

D. *Quels sont les temps qui ont la figurative du parfait ?*

La figurative du parfait se donne à tous les parfaits et plus-que-parfaits de l'actif et du passif.

Les parfaits et le plus-que-parfait du moyen ont la figurative du présent, comme nous avons dit ci-dessus.

Il y a néanmoins plusieurs choses à observer sur le passif.

1° La figurative κ se perd au passif : κρίνω, *judico, je juge;* κέκρικα, κέκριμαι. τίω, *honoro;* τέτικα, τέτιμαι. Quelquefois κ est remplacé par un σ dans les personnes dont la terminaison ne commence pas par σ : χρίω, *ungo;* κέχρικα, κέχρισμαι; πλάσσω, *formo, je forme ;* πέπλακα, πέπλασμαι, πέπλαςαι, πέπλασται, etc.

La terminaison des verbes, telle que nous l'avons

donnée dans les tables, pag. 93, etc., est quelque chose de fixe et d'immuable, à quoi il faut que le reste du verbe s'ajuste. C'est là l'unique cause des deux exceptions suivantes. Pour peu d'ailleurs qu'on consulte l'oreille, on comprendra aisément la raison des changements que nous allons marquer.

2° Les verbes en νω qui ont retenu ν à l'actif, le changeant en γ à cause du κ de la terminaison, reprennent ν au passif, en le changeant en μ devant μ de la terminaison, suivant les règles d'écrire : comme φαίνω, *luceo*, *je luis*, πέφαγκα ; passif, πέφαμμαι, *apparui*, πέφανσαι, πέφανται ; πεφάμμεθον, πέφανθον, πέφανθον ; πεφάμμεθα, πέφανθε, πεφαμμένοι εἰσί.

3° Dans la première et la seconde conjugaison et une partie de la quatrième, les aspirées φ et χ se changent en leur double devant σ, qu'elles enveloppent, savoir φ en ψ, χ en ξ ; devant la tenue τ, elles se changent en leurs tenues, φ en π, χ en κ ; enfin devant μ, elles se changent φ en μ, χ en γ : et tout cela suivant les règles de l'orthographe grecque, et pour rendre la prononciation plus douce. Ainsi λέγω, *dico*, parfait λέλεχα ; passif λέλεγμαι, λέλεξαι, λέλεκται ; λελέγμεθον, λέλεχθον ; λελέγμεθα, λέλεχθε, λελεγμένοι εἰσί.

De même τέτυμμαι, etc., que l'on peut voir ci-dessus en comparant ces deux verbes avec la table des terminaisons.

Le plus-que-parfait passif a les mêmes changements que le parfait, qu'il suit en tout.

CHAPITRE IV.

DE LA PÉNULTIÈME.

La pénultième du présent l'est aussi de l'imparfait, et même ordinairement de tous les autres temps. Ainsi dans τύπτω, la pénultième υ est la même dans tous les temps de toutes les voix.

Mais dans quelques verbes la pénultième change à certains temps. Ces temps sont le futur 1 et l'aoriste 1, le futur 2 et l'aoriste 2, le parfait et le plus-que-parfait.

PÉNULTIÈME DU FUTUR 1 ET DE L'AORISTE 1.

On a déjà remarqué, dans la table des conjugaisons, une partie des changements qui arrivent à la pénultième du futur 1, que suit l'aoriste 1, et à celle du parfait, que suit le plus-que-parfait. Mais il y en a encore quelques autres qu'il faut maintenant expliquer.

Dans la cinquième conjugaison, c'est-à-dire dans les verbes en λω, μω, νω, ρω, le futur 1 et l'aor. 1 reçoivent quelque changement à la pénultième.

D. *Quel changement arrive-t-il à la pénultième*

du futur 1 *dans les verbes de la cinquième conjugaison ?*

R. Dans les verbes de la cinquième conjugaison, la pénultième du futur 1 doit être brève. Ainsi 1° s'il y a au présent deux consonnes, on n'en met qu'une au futur ; ψάλλω, *canto, je chante ;* futur 1, ψαλῶ. 2° S'il y a au présent une diphthongue, on ne met que la première voyelle au futur : σπείρω, *semino, je sème ;* futur 1, σπερῶ ; φαίνω, *luceo, je luis ;* futur 1, φανῶ.

D. Quel changement arrive-t-il à la pénultième de l'aoriste 1 *dans les verbes de la cinquième conjugaison ?*

R. Dans les verbes de la cinquième conjugaison la pénultième de l'aoriste 1 doit être longue. Ainsi 1° si la pénultième du futur est un ε, on ajoute un ι : στέλλω, *mitto, j'envoie ;* futur 1, στελῶ ; aoriste 1, ἔστειλα; σπείρω, *semino ;* futur 1, σπερῶ ; aoriste 1, ἔσπειρα. 2° Si la pénultième du fut. 1 est une voyelle indifférente, elle reste la même ; mais elle est brève au futur 1 et longue à l'aoriste 1 : κρίνω, *judico, je juge ;* futur 1, κρινῶ, aoriste 1, ἔκρινα ; ψάλλω, *canto, je chante ;* futur 1, ψαλῶ, aoriste 1, ἔψαλα.

Quelquefois même l'aoriste 1 change α en η, ou en η ; car on dit aussi à l'aoriste 1, ἔψηλα.

Le futur passif dans la cinquième conjugaison suit le changement arrivé au parfait actif dont nous parlerons ci-après ; et dans la sixième il abrége quelquefois la pénultième du futur 1 actif, prenant ε pour η, υ pour ευ : comme αἱρέω, *capio*, *je prends*; futur 1 αἱρήσω; passif αἱρεθήσομαι: χέω, *fundo*, *je verse*; futur 1 χεύσω; passif χυθήσομαι.

Le futur 3 a toujours la même pénultième que le futur 1.

PÉNULTIÈME DU FUTUR 2 ET DE L'AORISTE 2.

D. *Quel changement arrive-t-il à la pénultième du futur 2 et de l'aoriste 2?*

R. Le futur 2 et l'aoriste 2 veulent avoir la pénultième brève. Ainsi 1° si, après la figurative du présent, il y a une seconde consonne, on l'ôte ici; et si la figurative du présent est ζ ou σσ, on la change en δ ou γ. 2° Si la pénultième du présent est une voyelle longue ou une diphthongue, on les change.

Ce changement se fait ainsi :

ει, ευ, ου, en ι, υ, ο : αι, αυ, η, ω, en α.

D. *Donnez des exemples des changements de pénultièmes au futur 2 et à l'aoriste 2.*

R.   PRÉSENT.

λείπω,	linquo,	*je laisse.*
φεύγω,	fugio,	*je fuis.*
ἀκούω,	audio,	*j'entends, j'écoute.*
καίω,	uro,	*je brûle, je fais brûler.*
λήβω,	capio,	*je prends.*
τρώγω,	comedo,	*je mange.*

FUTUR 2.	AORISTE 2.
λιπῶ,	ἔλιπον.
φυγῶ,	ἔφυγον.
ἀκοῶ,	ἤκοον.
καῶ,	ἔκαον.
λαβῶ,	ἔλαβον.
τραγῶ,	ἔτραγον.

λήβω n'est pas usité au présent, mais seulement λαμβάνω : comme on le verra dans les défectifs ci-après.

D. *Le futur 2 et l'aoriste 2 se règlent-ils toujours sur le présent?*

R. Les dissyllabes qui ont pour pénultième au futur 1 un ε précédé ou suivi d'une liquide, changent cet ε en α, au futur 2 et à l'aoriste 2.

D. *Donnez des exemples de ce changement de ε en α.*

R.		PRÉSENT.
πλέκω,	plico,	*je plie.*
κλέπτω,	furor,	*je dérobe, je vole.*
σπείρω,	semino,	*j'ensemence.*
δρέμω,	curro,	*je cours.*
στέλλω,	mitto,	*j'envoie.*

FUTUR I.	FUTUR 2.	AORISTE 2.
πλέξω,	πλακῶ,	ἔπλακον.
κλέψω,	κλαπῶ,	ἔκλαπον.

σπερῶ,   σπαρῶ,   ἔσπαρον.
δρεμῶ,   δραμῶ,   ἔδραμον.
στελῶ,   σταλῶ,   ἔσταλον.

Il n'y en a que trois d'exceptés, λέγω, *dico*, je dis ; φλέγω, *ardeo*, *je brûle*; βλέπω, *video*, *je vois*; qui gardent ε au futur 2 et à l'aoriste 2.

Lorsqu'il y a au présent une seconde consonne qui précède la figurative, comme πέρθω, *perdo*, *je perds*; δέρκω, *video*, *je vois*; ἐνέγκω, *fero*, *je porte*; cette seconde consonne qui est ici ρ, γ, ne s'ôte point, et l'on dit : futur 2, παρθῶ, δαρκῶ, ἐνεγκῶ; et alors la pénultième est longue par position. Mais pour la faire brève, les poëtes transposent les lettres, et disent : futur 2, πραθῶ, δρακῶ; aoriste 2, ἔπραθον, ἔδρακον.

Remarquez que lorsqu'il n'y a point de changement à la pénultième, le futur 1 et le futur 2 de la cinquième conjugaison sont semblables : ψάλλω, futurs 1 et 2, ψαλῶ; et que dans tous les autres, lorsqu'il n'y a point de changement ni à la pénultième ni à la figurative, l'imparfait et l'aoriste 2 sont semblables : τίω, *honoro*, imparfait et aoriste 2 ἔτιον; γράφω, *scribo*, imparfait et aoriste 2 ἔγραφον.

¶ PÉNULTIÈME DU PARFAIT ET DU PLUS-QUE-PARFAIT.

Le plus-que-parfait suit en tout le parfait. Ainsi il suffit de parler ici du parfait.

D. *Quelle est la pénultième du prétérit parfait?*

R. La pénultième du prétérit parfait est la même que celle du futur i.

PRÉSENT.

κονέω,	festino,	*je me hâte.*
καίω,	uro,	*je fais brûler.*
φαίνω,	luceo,	*je luis.*
χέω,	fundo,	*je répands.*

FUTUR I.	PARFAIT.
κονήσω,	κεκόνηκα.
καύσω,	κέκκυκα.
φανῶ,	πέφαγκα.
γεύσω,	κέχευκα.

D. Arrive-t-il quelque changement à la pénultième du parfait?

R. Les dissyllabes en λω, νω, ρω, changent au parfait le ε du futur en α, comme :

PRÉSENT.

στέλλω,	mitto,	*j'envoie.*
τείνω,	tendo,	*je tends.*
σπείρω,	semino,	*je sème.*

FUTUR I.	PARFAIT.
στελῶ,	ἔσταλκα.
τενῶ,	τέτακα.
σπερῶ,	ἔσπαρκα.

Nous avons déjà remarqué dans la division des

conjugaisons, que les verbes de la cinquième en μω et μνω, ont le parfait en μηκα.

Quelques parfaits en φα et en χα changent le ε du futur en ο, ou le retiennent : πέμπω, *mitto, j'envoie;* πέμψω, πέπεμφα ou πέπομφα; βρέχω, *irrigo, j'arrose;* βρέξω, βέβρεχα ou βέβροχα.

D. *Le parfait passif a-t-il la même pénultième que le parfait actif?*

R. Le parfait passif a la même pénultième que le parfait actif, mais quelquefois de ευ on fait υ; et, dans la première conjugaison, de ρε précédé d'une consonne on fait ρα; ce qui sonne mieux avec les deux μμ qui suivent, comme :

Présent.

τεύχω,	fabrico,	*je fabrique.*
φεύγω,	fugio,	*je fuis.*
χέω,	fundo,	*je répands.*
στρέφω,	verto,	*je tourne.*
τρέπω,	verto,	*je tourne.*
τρέφω,	nutrio,	*je nourris.*

PARFAIT ACT.	PARFAIT PASSIF.
τέτευχα,	τέτυγμαι.
πέφευχα,	πέφυγμαι.
κέχευκα,	κέχυμαι, et κέχευμαι.
ἔστρεφα,	ἔστραμμαι.
τέτρεφα,	τέτραμμαι.
τέτρεφα,	τέθραμμαι.

Les deux derniers ont le parfait actif semblable. Le dernier prend au parfait passif θ au lieu de τ, pour la raison que nous dirons bientôt.

D. *Quelle est la pénultième du parfait moyen?*

R. Le parfait moyen prend la pénultième ainsi que la figurative du présent actif : τύπτω, τέτυπα; τίω, τέτια.

D. *Arrive-t-il quelque changement à la pénultième du parfait moyen?*

R. Si la pénultième du présent est un α, un ε, ou un η, seul ou en diphthongue, le parfait moyen prend assez souvent un η ou un ο, seul ou en diphthongue, et change ευ en υ.

D. *Donnez des exemples des changements qui arrivent à la pénultième du parfait moyen.*

R.	PRÉSENT.		PARF. MOYEN.
θάλλω,	vireo,	*je suis vert;*	τέθηλα.
κλάζω,	clango,	*je fais retentir;*	κέκληγα.
βάλλω,	jacio,	*je jette;*	βέβολα.
καίω,	uro,	*je brûle;*	κέκηα.
φαίνω,	luceo,	*je luis;*	πέφηνα.
μιαίνω,	maculo,	*je tache;*	μεμίηνα.
λέγω,	dico,	*je dis;*	λέλογα.
τέμνω,	seco,	*je coupe;*	τέτομα.
στέλλω,	mitto,	*j'envoie;*	ἔστολα.
πείθω,	persuadeo,	*je persuade;*	πέποιθα.
ἀλείφω,	ungo,	*j'oins;*	ἤλοιφα.
εἴκω,	similis sum,	*je ressemble;*	οἶκα et ἔοικα.
λήβω,	(*inusité*) capio,	*je prends;*	λέλοβα.

Dans ἔοικα, ε est l'augment, qui se fait ainsi à ce temps, dans les dissyllabes qui commencent par ει ou par ε, afin de ne pas troubler la pénultième.

Il y a dans tout ce parfait moyen beaucoup d'irrégularités, que l'usage apprendra.

OBSERVATION

SUR LA FIGURATIVE ET SUR LA PÉNULTIÈME.

Il est utile d'observer que, pour ce qui regarde la figurative et la pénultième, les temps des verbes grecs sont pour ainsi dire accouplés : en sorte qu'au lieu de huit on peut les réduire à quatre, les quatre autres suivant partout exactement les quatre premiers, avec lesquels il arrive même qu'ils se confondent dans les autres modes, hors de l'indicatif.

D. *Comment joignez-vous les temps, pour ce qui regarde la figurative et la pénultième?*

R. Je les joins deux à deux en cette manière.

ACTIF.

Présent et imparfait.	τύπτω,	ἔτυπτον,
Futur 1 et aoriste 1,	τύψω,	ἔτυψα.
Futur 2 et aoriste 2.	τυπῶ,	ἔτυπον.
Parf. et plus-que-parf.	τέτυφα,	ἐτετύφειν.

MOYEN.

Présent et imparfait.	τύπτομαι,	ἐτυπτόμην.

Futur 1 et aoriste 1.   τύψομαι,   ἐτυψάμην.
Futur 2 et aoriste 2.   τυποῦμαι,   ἐτυπόμην.
Parf. et plus-que-parf.   τέτυπα,   ἐτετύπειν.

PASSIF.

Présent et imparfait.   τύπτομαι,   ἐτυπτόμην.
Futur 1 et aoriste 1.   τυφθήσομαι,   ἐτύφθην.
Futur 2 et aoriste 2.   τυπήσομαι,   ἐτύπην.
Parf. et plus-que-parf.   τέτυμμαι,   ἐτετύμμην.

Le futur 3, dans le moyen, suit le futur 1 : τετύ-ψομαι.

Cette jonction des temps n'a d'exception que dans la cinquième conjugaison par rapport aux futurs et aux aoristes; parce que, dans cette conjugaison, le fut. 1 ressemble beaucoup au futur 2, comme nous avons dit.

DE L'ASPIRATION TRANSPORTÉE.

Quelques verbes dissyllabes, ayant la seconde syllabe aspirée, transportent l'aspiration à la première syllabe, dans les temps où, à raison de la figurative, ils la perdent à la seconde; et quelques autres au contraire, ayant la première syllabe aspirée, perdent l'aspiration à cette première syllabe, lorsqu'ils l'acquièrent à la seconde.

D. *Quels sont les verbes qui transportent l'aspiration?*

R. Quatre verbes transportent l'aspiration de la seconde syllabe à la première, savoir :

PRÉSENT.			FUTUR I.	
ἔχω,	habeo,	*j'ai;*	ἕξω,	habebo.
τύφω,	accendo,	*j'allume;*	θύψω,	accendam.
τρέχω,	curro,	*je cours;*	θρέξω,	curram.
τρέφω,	nutrio,	*je nourris;*	θρέψω,	nutriam.

Et les deux suivants transportent l'aspiration de la première à la seconde :

PRÉSENT.			FUTUR 2.	
θάπτω,	sepelio,	*j'ensevelis;*	ταφῶ,	sepeliam.
θρύπτω,	frango,	*je brise;*	τρυφῶ,	frangam.

De même au parfait passif, τέθραμμαι, *nutritus sum,* etc.

De même au parfait actif, τέταφα, *sepelivi,* etc.

RACINES GRECQUES.

VERBES DE LA Ire CONJUGAISON.

En 6ω, πω, φω, πτω : Futur 1. ψω, Parfait φα.

βω.

Ἀμείϐω,	commuto, are :	*changer.*
ἀτέμϐω,	contristo, are :	*contrister.*
θλίϐω,	premo, ere :	*presser, fouler.*
λείϐω,	libo, are :	*faire des libations.*
ῥέμϐω,	circumago, ere :	*tourner.*
σέϐω,	veneror, ari :	*révérer.*
στείϐω,	stipo, are :	*fouler, entasser.*
στέμϐω,	contumeliâ afficio, ere :	*outrager.*
στίλϐω,	splendeo, ere :	*resplendir.*
τρίϐω,	tero, ere :	*broyer, piler.*
φέρϐω,	pasco, ere :	*faire paître.*

πω.

βλέπω,	video, ere :	*voir.*
δρέπω,	decerpo, ere :	*cueillir.*
ἐρείπω,	everto, ere :	*renverser.*
ἕρπω,	serpo, ere :	*ramper.*
θάλπω,	foveo, ere :	*échauffer.*
λάμπω,	luceo, ere :	*luire.*
λείπω,	linquo, ere :	*laisser.*
λέπω,	decortico, are :	*écorcer.*
μέλπω,	cano, ere ;	*chanter.*

πέμπω,	mitto, ere :	envoyer.
πρέπω,	decorus sum, esse :	convenir.
ῥέπω,	vergo, ere :	pencher vers.
σήπω,	putrefacio, ere :	putréfier.
σκέπω,	tego, ere :	couvrir.
τέρπω,	delecto, are :	plaire, délecter.
τρέπω,	verto, ere :	tourner.

φω.

ἀλείφω,	ungo, ere :	oindre.
γλάφω,	cavo, are :	creuser.
γράφω,	scribo, ere :	écrire.
δέφω,	excorio, are :	écorcher.
ἐρέφω,	tego, ere :	couvrir.
κάρφω,	sicco, are :	sécher.
νήφω,	sobrius sum, esse :	être sobre.
νίφω,	ningo, ere :	neiger.
στέφω,	corono, are :	coronner.
στύφω,	astringo, ere :	resserrer.
τρέφω,	nutrio, ire :	nourrir.
τύφω,	fumum excito, are :	jeter de la fumée.

πτω.

ἄπτω,	necto, ere :	nouer, lier.
ἀστράπτω,	fulguro, are :	éclairer.
βλάπτω,	lædo, ere :	blesser.
δάπτω,	voro, are :	dévorer.
δρύπτω,	lacero, are :	déchirer.
ἐρέπτω,	comedo, ere, *ou* esse :	manger.
θάπτω,	sepelio, ire :	ensevelir.

θρύπτω,	frango, ere :	*briser.*
θώπτω,	assentor, ari :	*complaire, flatter.*
ἰάπτω,	mitto, lædo, ere :	*envoyer, blesser.*
ἵπτω,	noceo, ere :	*nuire.*
καλύπτω,	abscondo, ere :	*cacher.*
κάμπτω,	flecto, ere :	*fléchir.*
κλέπτω,	furor, ari :	*dérober.*
κνάπτω,	carmino, are :	*carder.*
κολάπτω,	tundo, ere :	*battre, frapper.*
κόπτω,	scindo, ere :	*fendre, couper.*
κρύπτω,	abscondo, ere :	*cacher.*
λάπτω,	lambendo bibo, ere :	*boire en lapant.*
μάρπτω,	capio, ere :	*prendre.*
νίπτω,	lavo, are :	*laver.*
ὀλόπτω,	vello, ere :	*arracher.*
πέπτω,	coquo, ere :	*faire cuire.*
ῥάπτω,	suo, ere :	*coudre.*
ῥίπτω,	projicio, ere :	*jeter en avant.*
σκάπτω,	fodio, ere :	*fouir, creuser.*
σκήπτω,	innitor, i :	*s'appuyer.*
σκολύπτω,	evello, ere :	*arracher.*
σκώπτω,	cavillor, ari :	*chicaner, railler.*
τύπτω,	verbero, are :	*battre de verges.*
χαλέπτω,	noceo, ere :	*nuire.*

Moyens.

Il y a des verbes qui n'ont point d'actif, et qui commencent au moyen ou au passif, comme en latin les déponents, *precor*, *loquor*, et se conjuguent régulièrement dans ces voix, comme s'ils avaient un actif. Tels sont, dans la première conjugaison :

φέβομαι,	timeo, ere :	*craindre.*
μέμφομαι,	queror, ri :	*se plaindre.*
σκέπτομαι,	speculor, ari :	*étre en sentinelle.*
χρέμπτομαι,	screo, are :	*tousser pour cracher.*
ὄπτομαι,	video, ere :	*voir.*

VERBES DE LA IIᵉ DÉCLINAISON.

En γω, κω, χω, κτω : Futur 1. ξω, Parfait χα.

γω.

Ἄγω,	ago, ere :	*conduire.*
ἀθέλγω,	sugo, ere :	*sucer.*
ἀνώγω,	jubeo, ere :	*commander.*
ἀλέγω,	curo, are :	*avoir soin.*
ἀμέλγω,	mulgeo, ere :	*traire.*
ἀμέργω,	exprimo, ere :	*exprimer.*
ἀρήγω,	auxilior, ari :	*aider, secourir.*
εἴργω,	excludo, ere :	*exclure.*
ἐπείγω,	urgeo, ere :	*presser.*
ἐρεύγω,	eructo, are :	*roter.*
θέλγω,	mulceo, ere :	*amollir.*
θίγω,	tango, ere :	*toucher.*
λέγω,	dico, ere :	*dire.*
λήγω,	cesso, are :	*se relácher.*
λίγγω,	strideo, ere :	*rendre un bruit aigre.*
οἴγω,	aperio, ire :	*ouvrir.*
ὀρέγω,	porrigo, ere :	*présenter.*
πνίγω,	suffoco, are :	*suffoquer.*
στέγω,	tego, ere :	*couvrir.*
στέργω,	amo, are :	*aimer.*
σφίγγω,	stringo, ere :	*serrer étroitement.*

τέγγω,	tingo, ere :	tremper, mouiller.
τρώγω,	arrodo, ere :	ronger.
φάγω,	comedo, ere :	manger.
φεύγω,	fugio, ere :	fuir.
φλέγω,	uro, ere :	brûler.
φρύγω,	frigo, ere :	frire.
ψέγω,	reprehendo, ere :	reprendre.

χω.

δίκω,	jacio, ere :	jeter, darder.
δέρκω,	video, ere :	voir.
διώκω,	persequor, qui :	poursuivre.
εἴκω,	similis sum, esse :	ressembler.
ἕλκω,	traho, ere :	tirer, entraîner.
ἐρείκω,	frango, ere :	briser.
ἐρύκω,	inhibeo, ere :	empêcher.
ἥκω,	venio, ire :	venir.
ἵκω,	venio, ire :	venir.
κρέκω,	pulso, are :	pousser.
πείκω,	pecto, ere :	peigner.
πλέκω,	plecto, ere :	battre.
τήκω,	liquefacio, ere :	liquéfier.

χω.

ἄγχω,	ango, ere :	étrangler.
βράχω,	strepo, ere :	faire du bruit.
βρέχω,	madefacio, ere :	humecter.
βρύχω,	frendeo, ere :	grincer, gronder.
ἐλέγχω,	reprehendo, ere :	reprendre.
ἔχω, f. ἕξω,	habeo, ere :	avoir.
ἰάχω,	clamo, are :	crier.

κέρχω,	exaspero, are :	*rendre rude.*
λείχω,	lambo, ere :	*lécher.*
ῥέγχω,	sterto, ere :	*ronfler.*
σμύχω,	consumo, ere :	*consumer.*
σμώχω,	comedo, ere :	*manger.*
σπέρχω,	urgeo, ere :	*presser.*
στείχω,	ordinatè eo, ire :	*marcher en rangs.*
τεύχω,	fabrico, are :	*bâtir, construire.*
τρέχω,	curro, ere :	*courir.*
ψύχω,	refrigero, are :	*rafraîchir.*
ψώχω,	comminuo, ere :	*briser, fracasser.*

Moyens.

γλίχομαι,	cupio, ere :	*désirer.*
δέχομαι,	capio, ere :	*prendre.*
εὔχομαι,	precor, ari :	*prier.*
μάχομαι,	pugno, are :	*combattre.*
οἴχομαι,	abeo, ire :	*s'en aller.*
φθέγγομαι,	loquor, qui :	*parler.*
τιτύσκομαι,	collimo :	*viser, pointer juste.*

Il n'y a parmi les racines aucun verbe régulier en κτω. Voyez τίκτω parmi les défectifs.

VERBES DE LA IIIᵉ CONJUGAISON.

En δω, τω, θω : Futur 1. σω, Parfait κα.

δω.

Ἄδω,	satio, are :	*rassasier.*
ἀείδω et ᾄδω,	cano, ere :	*chanter.*
δείδω,	timeo, ere :	*craindre.*

ἐρείδω,	figo, ere :	*ficher, attacher.*
εὕδω,	dormio, ire :	*dormir.*
μέδω,	impero, are :	*commander.*
μέλδω,	liquefacio, ere :	*liquéfier.*
μέρδω,	cerno, ere :	*voir, regarder.*
σπένδω,	libo, are :	*faire des libations.*
σπεύδω,	festino, are :	*se hâter.*
τένδω,	comedo, ere :	*manger.*
ὕδω,	cano, ere :	*chanter.*
ψεύδω,	fallo, ere :	*tromper.*

θω.

αἴθω,	uro, ere :	*brûler.*
ἄλθω,	sano, are :	*guérir.*
βρίθω,	gravis sum, esse :	*être pesant.*
ἐρέθω,	irrito, are :	*irriter.*
ἔσθω,	comedo, ere :	*manger.*
ἤθω,	colo, are :	*couler.*
κεύθω,	occulto, are :	*cacher.*
κλώθω,	neo, ere :	*filer.*
λήθω,	lateo, ere :	*être caché.*
πείθω,	persuadeo, ere :	*persuader.*
πέρθω,	diruo, ere :	*détruire.*
πύθω,	putrefacio, ere :	*faire pourrir.*

Moyens.

ἔλδομαι,	desidero, are :	*désirer.*
φείδομαι,	parco, ere :	*épargner.*

Dans cette troisième conjugaison, il n'y a point de verbes en τω qui soient racines. ἀνύτω, que nous avons cité pour exemple, page 146, vient de ἀνύω, *perficio, ere, achever.*

VERBES DE LA IVe CONJUGAISON.

En ζω, σσω : Futur 1. σω ou ξω, Parfait κα ou χα.

ζω : Futur σω, Parfait κα.

Ἀάζω,	sicco, are :	*sécher.*
ἁρπάζω,	rapio, ere :	*ravir.*
βαστάζω,	bajulo, are :	*porter un fardeau.*
βλύζω,	scaturio, ire :	*sourdre, jaillir.*
βράζω,	bullio, ire :	*bouillir.*
βρίζω,	dormio, ire :	*dormir.*
γογγύζω,	murmuro, are :	*murmurer.*
δεσπόζω,	dominor, ari :	*dominer.*
δίζω,	quæro, ere :	*chercher.*
διστάζω,	dubito, are :	*douter.*
δοκάζω,	exspecto, are :	*attendre.*
ἐπηρεάζω,	damno afficio, ere :	*faire tort.*
ἐτάζω,	examino, are :	*examiner.*
θαυμάζω,	admiror, ari :	*admirer.*
ἵζω,	sedeo, ere :	*s'asseoir, être assis.*
καγχάζω,	cachinno, are :	*éclater de rire.*
κάζω,	orno, are :	*orner.*
κελαρύζω,	murmuro, are :	*murmurer.*
κλύζω,	lavo, are :	*laver.*
κολάζω,	punio, ire :	*punir.*
κτίζω,	fabrico, are :	*construire.*
μύζω,	musso, are :	*parler bas.*
ὀκλάζω,	ingeniculo me, are se :	*s'agenouiller.*
ὀπάζω,	persequor, qui :	*poursuivre.*

πιέζω,	premo, ere :	*presser.*
ποππύζω,	sibilo, are :	*siffler.*
σκάζω,	claudico, are :	*boiter.*
σκορπίζω,	spargo, ere :	*répandre.*
σχίζω,	scindo, ere :	*fendre.*
τονθορίζω,	murmuro, are :	*murmurer.*
τρίζω,	strido, ere :	*rendre un bruit aigre.*
τωθάζω,	convicior, ari :	*injurier.*
φράζω,	loquor, qui :	*parler.*
χάζω,	recedo, ere :	*se retirer.*
χρεμετίζω,	hinnio, ire :	*hennir.*

ζω : Futur ξω, Parfait χα.

ἀτύζω,	terreo, ere :	*effrayer.*
βάζω,	loquor, qui :	*parler.*
βαύζω,	latro, are :	*aboyer.*
κλώζω,	crocito, are :	*croasser.*
κράζω,	clamo, are :	*crier.*
κρίζω,	strido, ere :	*rendre un bruit perçant.*
κρώζω,	crocito, are :	*croasser.*
λαπάζω,	evacuo, are :	*évacuer.*
λύζω,	singultio, ire :	*sangloter.*
νυστάζω,	dormito, are :	*sommeiller.*
ὀλολύζω,	ululo, are :	*hurler.*
παίζω,	ludo, ere :	*jouer.*
πελεμίζω,	moveo, ere :	*mouvoir.*
στάζω,	stillo, are :	*dégoutter.*
στηρίζω,	figo, ere :	*ficher.*
στίζω,	pungo, ere :	*piquer.*
σφάζω,	jugulo, are :	*égorger.*
σφύζω,	salio, ire :	*sauter.*

σσω : Futur σω, Parfait κα.

πάσσω,	inspergo, ere :	*répandre sur.*
πλάσσω,	fingo, ere :	*faire, façonner.*
πτίσσω,	pinso, are *et* ere :	*piler, broyer.*

σσω : Futur ξω, Parfait χα.

ἀΐσσω,	irruo, ere :	*se jeter.*
ἀλλάσσω,	muto, are :	*changer.*
ἀμαρύσσω,	fulgeo, ere :	*briller.*
ἀμύσσω,	lacero, are :	*déchirer.*
ἀράσσω,	abscindo, ere :	*trancher, couper.*
δράσσω,	prehendo, ere :	*prendre, saisir.*
ἐρέσσω,	remigo, are :	*ramer.*
θωΰσσω,	clamo, are :	*crier.*
λαφύσσω,	deglutio, ire :	*avaler.*
μαλάσσω,	mollio, ire :	*amollir.*
μάσσω,	pinso, are *et* ere :	*piler, broyer.*
μειλίσσω,	demulceo, ere :	*caresser.*
μορύσσω,	inquino, are :	*souiller, salir.*
νάσσω,	complano, are :	*aplanir.*
νύσσω,	pungo, ere :	*piquer.*
ὀρύσσω,	fodio, ere :	*fouir, creuser.*
πατάσσω,	palpito, are :	*palpiter.*
πλήσσω,	percutio, ere :	*frapper.*
πράσσω,	facio, ere :	*faire.*
πτύσσω,	plico, are :	*plier.*
ῥάσσω,	allido, ere :	*froisser.*
ῥήσσω,	frango, ere :	*briser.*
σπαράσσω,	lacero, are :	*déchirer.*
ταράσσω,	turbo, are :	*troubler.*

τάσσω,	ordino, are :	*ordonner, ranger.*
τινάσσω,	quatio, ere :	*secouer.*
φράσσω,	munio, ire :	*fortifier.*
φυλάσσω,	custodio, ire :	*briser.*
χαράσσω,	sculpo, ere :	*sculpter.*

Moyens.

ἀσπάζομαι,	amplector, ti :	*embrasser.*
ἕζομαι,	sedeo, ere :	*être assis.*
ἐμπάζομαι,	curo, are :	*prendre soin.*
μυδάζομαι,	abhorreo, ere :	*abhorrer.*
στοχάζομαι,	collimo, are :	*viser.*
λίσσομαι,	supplico, are :	*supplier.*

VERBES DE LA Vᵉ CONJUGAISON.

En λω, μω, νω, ρω : Fut. 1. λῶ, μῶ, νῶ, ρῶ ; Parf. κα.

λω.

Ἀγάλλω,	orno, are :	*orner.*
ἀγγέλλω,	nuntio, are :	*annoncer.*
αἰκάλλω,	blandior, iri :	*flatter.*
ἀσχάλλω,	doleo, ere :	*souffrir.*
βδάλλω,	mulgeo, ere :	*traire, tirer le lait.*
θάλλω,	vireo, ere :	*être vert.*
ἰάλλω,	mitto, ere :	*envoyer.*
κέλλω,	appello, ere :	*aborder.*
κέλω,	jubeo, ere :	*commander.*
κόχλω,	giro, are :	*tournoyer.*
κωτίλλω,	garrio, ire :	*babiller.*
μέλλω,	futurus sum, esse :	*devoir.*

μιστυλλω,	disseco, are :	*disséquer.*
ὀφέλλω,	juvo, are :	*aider.*
πάλλω,	vibro, are :	*brandir, agiter.*
πέλω,	sum, esse :	*être.*
σκάλλω,	fodio, ere :	*fouir, creuser.*
σκέλλω,	arefacio, ere :	*faire sécher.*
σκύλλω,	vexo, are :	*vexer, tourmenter.*
στέλλω,	mitto, ere :	*envoyer.*
σφάλλω,	fallo, ere :	*tromper.*
τέλλω,	mando, are :	*ordonner.*
ψάλλω,	psallo, ere :	*chanter.*

μω.

βρέμω,	fremo, ere :	*frémir.*
γέμω,	plenus sum, esse :	*être plein.*
δέμω,	ædifico, are :	*bâtir.*
νέμω,	distribuo, ere :	*distribuer.*
κάμνω,	laboro, are :	*travailler.*
τέμνω,	seco, are :	*couper.*

νω.

ἀμύνω,	adjuvo, are :	*aider.*
βαμβαίνω,	balbutio, ire :	*balbutier.*
βασκαίνω,	fascino, are :	*fasciner.*
διαίνω,	humecto, are :	*humecter.*
θείνω,	ferio, ire :	*frapper.*
ἰαίνω,	lætitiâ perfundo, ere :	*inspirer de la joie.*
καγχαίνω,	calefacio, ere :	*échauffer.*
κλίνω,	reclino, are :	*pencher.*
κραίνω,	perficio, ere :	*achever.*
κρίνω,	judico, are :	*juger.*

κτείνω,	interficio, ere :	mettre à mort.
λαχαίνω,	fodio, ere :	creuser.
μαραίνω,	marcescere facio, ere :	faire flétrir.
μελεδαίνω,	curo, are :	soigner.
μιαίνω,	maculo, are :	tacher.
μολύνω,	inquino, are :	souiller.
ξαίνω,	carmino, are :	carder.
ὀτρύνω,	incito, are :	exciter.
παπταίνω,	circumspicio, ere :	regarder autour.
πλύνω,	lavo, are :	laver.
ῥαίνω,	aspergo, ere :	arroser.
σθένω,	possum, sse :	pouvoir.
σίνω,	noceo, ere :	nuire.
τείνω,	tendo, ere :	tendre.
φαίνω,	luceo, ere :	luire.
φένω,	interficio, ere :	tuer.

ρω.

ἀγείρω,	congrego, are :	rassembler.
ἀείρω,	erigo, ere :	dresser, élever.
ἀθύρω,	ludo, ere :	jouer.
αἴρω,	tollo, ere :	lever, enlever.
ἄρω,	apto, are :	ajuster.
ἐγείρω,	expergefacio, ere :	éveiller.
εἴρω,	dico, ere :	dire.
ἐλεφαίρω,	decipio, ere :	tromper.
ἐναίρω,	interficio, ere :	faire mourir.
θέρω,	calefacio, ere :	échauffer.
ἱμείρω,	desidero, are :	désirer.
καθαίρω,	purgo, are :	purger.
καρχαίρω,	resono, are :	retentir.

κείρω,	tondeo, ere :	*tondre, raser.*
μαρμαίρω,	rutilo, āre :	*briller comme l'or.*
μεγαίρω,	invideo, ere :	*porter envie.*
μερμαίρω,	anxiè cogito, are :	*penser avec in-* *quiétude.*
μορμύρω,	murmuro, are :	*murmurer.*
μύρω,	fluo, ere :	*couler.*
ὄρω,	excito, are :	*exciter.*
πείρω,	transeo, ire :	*passer.*
πταίρω,	sternuto, are :	*éternuer.*
σαίρω,	verro, ere :	*balayer.*
σκαίρω,	salio, ire :	*sauter.*
σπείρω,	semino, are :	*semer.*
τείρω,	tero, ere :	*broyer.*
φύρω,	misceo, ere :	*mêler.*

ρω : Futur ρσω.

ἔῤῥω,	ægre eo, ire :	*marcher avec peine.*
κύρω,	nanciscor, ci :	*rencontrer.*

Moyens.

ἀναίνομαι,	abnuo, ere :	*désapprouver.*
μαίνομαι,	insanio, ire :	*perdre le sens.*
μύνομαι,	prætendo, ere :	*prétexter.*
ὀσφραίνομαι,	olfacio, ere :	*flairer, sentir.*
πένομαι,	laboro, are :	*travailler.*
κινύρομαι,	lamentor, ari :	*se lamenter.*
ὀδύρομαι,	gemo, ere :	*gémir.*

VERBES DE LA VIe CONJUGAISON.

En ω pur : Futur σω, Parfait κα.

N. B. Les verbes circonflexes sont renvoyés à la 3e partie.

ιω : Futur ισω.

Ἀλίω,	volvo, ere :	*rouler.*
δίω,	expello, ere :	*chasser.*
ἐσθίω,	comedo, ere :	*manger.*
κίω,	vado, ere :	*aller.*
κυλίω,	volvo, ere :	*tourner.*
πρίω,	serrâ seco, are :	*scier.*
τίω,	honoro, are :	*honorer.*
χλίω,	luxu effemino, are :	*efféminer.*
χρίω,	ungo, ere :	*oindre.*

αιω : Futur αισώ :

γαίω,	glorior, ari :	*se glorifier.*
δαίω,	disco, ere; distribuo, ere :	*apprendre, distribuer.*
ναίω,	habito, are :	*habiter.*
παίω,	ferio, ire :	*frapper.*
πταίω,	impingo , ere :	*heurter.*

αιω : Futur αυσω.

καίω,	uro, ere :	*brûler.*
κλαίω,	fleo, ere; ejulo, are :	*pleurer; se lamenter.*
ῥαίω,	destruo, ere :	*détruire.*

ειω : Futur εισω.

κλείω,	claudo, ere :	*fermer.*
σείω,	concutio, ere :	*secouer.*

οιω : Futur οισω.

οἴω ,	puto, are ; fero, rre :	*penser, porter.*

αυω : Futur αυσω.

αὔω,	sicco, are :	*sécher.*
θραύω,	frango, ere :	*briser.*
ἰαύω,	habito, are :	*habiter.*
παύω,	cesso, are :	*cesser.*
χναύω,	vellico, are :	*piquer, picoter.*

ευω : Futur ευσω.

γεύω,	gusto, are :	*goûter.*
δεύω,	irrigo, are :	*arroser.*
θρησκεύω,	colo, ere :	*cultiver.*
μαστεύω,	quæro, ere :	*chercher.*
νεύω,	innuo, ere :	*faire signe de la tête.*
ὀχλεύω,	moveo, ere :	*mouvoir.*
παλεύω,	allicio, ere :	*attirer, engager.*

ουω : Futur ουσω.

ἀκούω,	audio, ire :	*écouter.*
κολούω,	trunco, are :	*tronquer.*
κρούω,	pulso, are :	*pousser.*
λούω,	lavo, are :	*laver.*

υω : Futur υσῶ,

D'où se forment les verbes en μι de la quatrième conjugaison.

ἀλύω,	inquietè oberro, are :	*errer avec inquiétude.*
ἀνύω,	perficio, ere :	*achever.*
ἀπύω,	sono, are :	*résonner.*
ἀρτύω,	apparo, are :	*appréter.*
ἀρύω,	haurio, ire :	*puiser.*
ἀφύω,	haurio, ire :	*puiser.*
βρύω,	scateo, ere :	*sourdre, couler.*
βύω,	obturo, are :	*boucher.*
ἐρητύω,	inhibeo, ere :	*empécher, arréter.*
ἐρύω,	traho, ere :	*traîner.*
ἠμύω,	cado, ere :	*tomber.*
θύω,	macto, are :	*sacrifier.*
ἱδρύω,	sedere facio, ere :	*faire asseoir.*
κασσύω,	consuo, ere :	*coudre.*
κλύω,	audio, ire :	*écouter, entendre.*
κύω,	osculor, ari :	*baiser.*
κωκύω,	fleo, ere :	*pleurer.*
κωλύω,	prohibeo, ere :	*empécher.*
λύω,	solvo, ere :	*délier.*
μηνύω,	indico, are :	*indiquer.*
μύω,	labra claudo, ere :	*fermer les lèvres.*
πτύω,	spuo, ere :	*cracher.*
τρύω,	tero, ere :	*piler, user.*
ὕω,	pluo, ere :	*pleuvoir.*
φύω,	gigno, ere :	*engendrer.*
ὠρύω,	ululo, are :	*hurler.*

EXERCICE

SUR LES PARTIES DU VERBE.

J'appelle ici parties du verbe, d'abord les quatre choses que nous avons dit qu'il fallait observer pour conjuguer les verbes, p. 96.4; savoir, en commençant par la fin du mot : *la terminaison, la figurative, la pénultième*, et *l'augment;* ensuite les autres lettres qui constituent le verbe et qui doivent aussi avoir leur nom. Les lettres qui se trouvent avant la pénultième s'appellent *initiales* ou *communes,* parce qu'elles se trouvent au commencement du mot, et dans tout le verbe, à quelque temps et à quelque personne qu'il soit : ainsi dans γράφω, p. 130, γρ sont les lettres communes. S'il se trouve une liquide entre la pénultième et la figurative, comme dans τέρπω, *ibid.,* j'appelle ρ *liquide insérée.* Enfin, s'il se trouve une consonne entre la figurative et la terminaison, comme dans τύπτω, *ibid.,* j'appelle τ *consonne caduque,* parce que cette lettre ne se soutient pas, qu'elle tombe après l'imparfait, et ne se retrouve plus dans les autres temps, comme nous l'avons dit, p. 128.

L'exercice dont il s'agit ici, consiste à distinguer

toutes ces parties, à les nommer, et à rapporter les
règles des changements qui leur arrivent. On pra-
tique cet exercice de différentes manières, que l'on
peut regarder comme autant de problèmes dont on
demande la solution.

1er PROBLÈME.

EXPLIQUER UN TEMPS CONNU D'UN VERBE CONNU.

On peut parcourir un verbe, le livre à la main,
τύπτω par exemple, ou un autre donné sur celui-
là, et en faire les parties, en n'expliquant néanmoins que la première personne de chaque temps,
et se contentant de réciter de mémoire les autres
personnes.

D. *Faites les parties de l'indicatif actif du
verbe* τύπτω, p. 100.

R. τύπτω : ω, terminaison du présent, p. 96.8 —
τ, consonne caduque qui ne subsiste qu'au présent
et à l'imparfait, p. 128 — π, figurative du présent
dans la première conjugaison, p. 127 — υ, pénultième — τ, lettre commune.

ἔτυπτον, p. 100 : ον terminaison de l'imparfait,
p. 96.8 et 105 — τ consonne caduque, *comme ci-
dessus* — π, figurative du présent qui est la même
à l'imparfait, p. 135 — υ, pénultième du présent
qui est la même à l'imparfait, p. 139 — τ, lettre
commune — ε, augment syllabique simple, tel qu'il

convient à l'imparfait, dans les verbes qui commencent par une consonne, p. 121.

τύψω, p. 100 : ω, terminaison du présent et des futurs dans l'indicatif de l'actif, p. 96.8 et 100 — ψ, figurative du futur 1 dans la première conjugaison, p. 127 et suiv. — υ, pénultième, la même que celle du présent, p. 134 — τ, lettre commune.

Et ainsi de suite pour les autres temps, sans se lasser de répéter presque toujours la même chose; c'est le plus sûr moyen de se bien inculquer ce qu'on veut apprendre.

Au parfait du passif il faut faire les parties de toutes les personnes, lorsqu'elles ont quelque difficulté particulière, comme dans la première et la seconde conjugaison. Par exemple :

τέτυμμαι, p. 113 : μαι, terminaison du prétérit parfait du passif, p. 98 — μ, figurative du parfait au lieu de φ devant μ qui commence la terminaison, p. 138 — υ, pénultième du présent, qui est la même dans tous les temps, p. 139 — τε, augment syllabique double, tel qu'il convient au parfait, p. 122.

τέτυψαι, p. 113 : σαι, terminaison de la deuxième personne du singulier du parfait passif, p. 98, dont σ est renfermé dans la lettre double ψ, p. 138. — ψ, figurative du parfait au lieu de φ devant σ qui commence la terminaison et qui se trouve enveloppé dans le ψῖ, p. 138 — υ, pénultième, etc., *comme ci-dessus.*

τέτυπται, p. 113 : ται, terminaison de la troi-

sième personne du singulier du parfait passif, p. 98
— π, figurative du parfait au lieu de φ devant ται,
qui est comme la terminaison, p. 138, etc.

De même au futur 1 et à l'aoriste 1 du passif:

τυφθήσομαι, p. 113 : θήσομαι, terminaison du futur 1 du passif, p. 98 — φ, figurative du futur 1
au lieu de ψ devant θ, qui commence la terminaison, p. 137, etc.

ἐτύφθην, p. 113 : θην, terminaison de l'aoriste 1
du passif, p. 98 — φ, figurative du futur 1 et de
l'aoriste 1 au lieu de ψ, devant θ qui commence la
terminaison, p. 137, etc.

11ᵉ PROBLÈME.

TROUVER LE TEMPS ET LA PERSONNE D'UN MOT DONNÉ DANS UN VERBE AUSSI DONNÉ.

Ceci peut se pratiquer en expliquant, et à mesure que les verbes se présentent, sans parcourir
d'autre temps que celui qu'on a sous les yeux. Par
exemple, en expliquant le *Pater*.

D. *Analysez* ἁγιασθήτω, p. 175, venant du verbe
ἁγιάζω, fut 1. ἁγιάσω, de la quatrième conjugaison,
p. 127.

R. ἁγιασθήτω : θήτω, terminaison de la troisième
personne du singulier de l'aoriste 1 de l'impératif
passif, p. 98 — σ, figurative du futur 1, p. 127,
et par conséquent de l'aoriste 1, p. 136, qui reste

au passif, p. 136 — α pénultième du présent, qui est la même dans tous les temps, p. 139 — ἀγι, lettres communes, sans augment, parce que les aoristes n'en ont que dans l'indicatif, p. 126. — ἁγιασθήτω est donc à la troisième personne du singulier de l'aoriste 1 de l'impératif passif du verbe ἁγιάζω.

D. *Analysez* ἐλθέτω, p. 175, venant de ἔρχομαι, verbe moyen de la deuxième conjugaison, qui prend ses temps de ἐλεύθω de la troisième conjugaison, inusité au présent, p. 245.

R. ἐλθέτω : ἐτω, terminaison de la troisième personne du singulier dans l'impératif actif pour le présent, l'aoriste 2 et le parfait, p. 96.8, et dans l'impératif moyen pour le parfait, p. 96.9 — θ, figurative du présent inusité dans ἐλεύθω. La figurative du présent ne se donne point au parfait actif; elle ne peut donc être ici que la figurative de l'aoriste 2 ou parfait moyen, p. 134 — ἐλ, lettres communes : la pénultième ne paraît point ici, il y a donc une syncope, sans quoi il y aurait ἐλυθέτω, la pénultième du présent ευ, se changeant en υ à l'aoriste 2, p. 141 et au parfait moyen, p. 146. ἐλ, est sans augment : ce mot n'est donc pas au parfait moyen. Reste qu'il soit à l'aoriste 2, les aoristes n'ayant d'augment qu'à l'indicatif, p. 121 et 126 — ἐλθέτω, est donc, par syncope, la troisième personne du singulier de l'aoriste 2 de l'impératif actif du verbe ἔρχομαι, prenant ses temps de ἐλεύθω.

D. *Analysez* γενηθήτω, p. 175, venant de γείνομαι,

verbe moyen de la cinquième conjugaison, qui prend ses temps de γενέομαι, verbe moyen de la sixième conjugaison inusité au présent, p. 248.

R. γενηθήτω : θήτω, terminaison de la troisième personne du singulier de l'aoriste 1 de l'impératif passif, p. 98 — η, pénultième, ε du présent se changeant souvent en η au futur et au parfait des verbes de la sixième conjugaison, p. 134. C'est donc ici la pénultième de l'aoriste 1 qui est la même que celle du futur 1, p. 139. La figurative ne paraît point ici; elle doit être à l'aoriste 1 la même qu'au futur 1, p. 134 et 135. La figurative du futur 1 dans les verbes de la sixième conjugaison est σ, p. 128. Mais quelques verbes en ω pur, ou de la sixième conjugaison, perdent σ figurative au futur 1 passif, et par conséquent à l'aoriste 1 passif, p. 136 — γεν, sont les lettres communes, sans augment, parce que les aoristes n'en ont que dans l'indicatif, p. 126 — γενηθήτω est donc à la troisième personne de l'aoriste 1 de l'impératif passif du verbe γείνομαι prenant ses temps de γενέομαι.

IIIe PROBLÈME.

FORMER UN TEMPS DEMANDÉ D'UN VERBE DONNÉ.

Prenons un exemple dans l'*Ave Maria*, p. 176.

D. *Comment* χαριτόω, futur 1 χαριτώσω, *de la sixième conjugaison,* p. 128 et 134, *fait-il au féminin du participe parfait passif?*

R. La terminaison du temps demandé est μένη, p. 98 et 99. La figurative du parfait est κ dans les verbes de la sixième conjugaison, p. 127; mais la figurative κ se perd au passif, p. 137. Il n'en faut donc point mettre ici. La pénultième du présent est o, changée au futur en ω, et par conséquent aussi au parfait, p. 137 et 139. J'ai donc déjà ωμένη. J'ajoute les lettres communes χαριτ, ce qui me donne χαριτωμένη. Il ne manque plus que l'augment. Il le faut syllabique, puisque le verbe commence par une consonne, p. 120. Il le faut double, parce que le parfait l'a double dans tous les modes, p. 121. Je prends donc la première des lettres communes avec ε; mais cette lettre commune étant l'aspirée χ, je prends sa tenue κ, p. 122, ce qui me fait κε pour l'augment, lequel, ajouté au reste du mot, fait κεχαριτωμένη, qui est le temps demandé.

IV.

Cet exercice peut se faire de vive voix ou par écrit. On peut même le donner à faire par écrit en composition. Il faut alors séparer les parties du verbe par des divisions de cette sorte : χαριτ-ο-ω. κε-χαριτ-ω-μενη : ἀγι-α-ζω; ἀγια-σ-θητω, etc.

Dans les temps circonflexes, il faut d'abord former le temps sans contraction, et ensuite faire la contraction suivant les tables et les conjugaisons, p. 198 et 199.

On peut aussi appliquer cet exercice aux verbes en μι, surtout lorsqu'ils viennent d'un verbe qui a plus de deux syllabes.

Enfin il faut continuer cet exercice en troisième, sans l'abandonner entièrement dans les deux classes suivantes.

PHRASES GRECQUES.

ΕΥΧΑΙ	**PRECES**
ΚΑΘΗΜΕΡΙΝΑΙ.	QUOTIDIANÆ.
ΕΥΧΗ	**ORATIO**
Κυριακή.	*Dominica.*

ΠΆΤΕΡ ἡμῶν ὁ ἐν τοῖς οὐρανοῖς.

PATER noster qui es in cœlis.

1. Ἁγιασθήτω τὸ ὄνομά σου.

1. Sanctificetur nomen tuum.

2. Ἐλθέτω ἡ βασιλεία σου.

2. Adveniat regnum tuum.

3. Γενηθήτω τὸ θέλημά σου, ὡς ἐν οὐρανῷ καὶ ἐπὶ τῆς γῆς.

3. Fiat voluntas tua sicut in cœlo et in terra.

4. Τὸν ἄρτον ἡμῶν τὸν ἐπιούσιον δὸς ἡμῖν σήμερον.

4. Panem nostrum quotidianum da nobis hodie.

5. Καὶ ἄφες ἡμῖν τὰ ὀφειλήματα ἡμῶν, ὡς καὶ ἡμεῖς ἀφίεμεν τοῖς ὀφειλέταις ἡμῶν.

5. Et dimitte nobis debita nostra, sicut et nos dimittimus debitoribus nostris.

6. Καὶ μὴ εἰσενέγκῃς ἡμᾶς εἰς πειρασμόν,

6. Et ne nos inducas in tentationem,

7. Ἀλλὰ ῥῦσαι ἡμᾶς ἀπὸ τοῦ πονηροῦ. Ἀμήν.

7. Sed libera nos à malo. Amen.

ΑΣΠΑΣΜΟΣ	SALUTATIO

τοῦ ἀγγέλου πρὸς τὴν ἁγιωτάτην παρθένον.

ANGELI AD SANCTISSI-
MAM VIRGINEM.

1. ΧΑῖΡΕ, Μαρία, κεχαριτωμένη, ὁ Κύριος μετά σου.

1. AVE, Maria, gratiâ plena, Dominus tecum.

2. Εὐλογημένη σὺ ἐν γυναιξὶ, καὶ εὐλογημένος ὁ καρπὸς τῆς κοιλίας σου, ΙΗΣΟῦΣ.

2. Benedicta tu in mulieribus, et benedictus fructus ventris tui JESUS.

3. Ἁγία Μαρία, μῆτερ Θεοῦ, πρέσβευε ὑπὲρ ἡμῶν ἁμαρτωλῶν, νῦν καὶ ἐν ὥρᾳ τοῦ θανάτου ἡμῶν. Ἀμήν.

3. Sancta Maria, mater Dei, ora pro nobis peccatoribus, nunc et in horâ mortis nostræ. Amen.

ΣΥΜΒΟΛΟΝ	SYMBOLUM

τῶν ἁγίων Ἀποστόλων.

SANCTORUM APOSTOLO-
RUM.

1. ΠΙΣΤΕΎΩ εἰς Θεὸν Πατέρα παντοκράτορα ποιητὴν οὐρανοῦ καὶ γῆς.

1. CREDO in Deum Patrem omnipotentem creatorem cœli et terræ.

2. Καὶ εἰς ΙΗΣΟῦΝ Χριστὸν υἱὸν αὐτοῦ ἕνα μόνον Κύριον ἡμῶν.

2. Et in JESUM Christum filium ejus unicum Dominum nostrum.

3. Συλληφθέντα ἐκ Πνεύματος ἁγίου, γεννηθέντα ἐκ Μαρίας τῆς παρθένου.

3. Qui conceptus est de Spiritu sancto, natus ex Maria virgine.

4. Παθόντα ἐπὶ Ποντίου

4. Passus sub Pontio

Πιλάτου, σταυρωθέντα, θανόντα, καὶ ταφέντα.

5. Κατελθόντα εἰς ᾅδην, τῇ τρίτῃ ἡμέρα ἀναστάντα ἐκ νεκρῶν.

6. Ἀνελθόντα εἰς οὐρανοὺς, καθεζόμενον ἐν δεξιᾷ Θεοῦ τοῦ Πατρὸς παντοκράτορος.

7. Ὅθεν μέλλει ἔρχεσθαι κρῖναι ζῶντας καὶ νεκρούς.

8. Πιστεύω εἰς Πνεῦμα ἅγιον,

9. Ἁγίαν Ἐκκλησίαν καθολικὴν, ἁγίων κοινωνίαν,

10. Ἄφεσιν ἁμαρτιῶν,

11. Σαρκὸς ἀνάστασιν,

12. Ζωὴν αἰώνιον. Ἀμήν.

Pilato, crucifixus, mortuus, et sepultus.

5. Descendit ad inferos, tertiâ die resurrexit à mortuis.

6. Ascendit ad cœlum, sedet ad dexteram Dei Patris omnipotentis.

7. Indè venturus est judicare vivos et mortuos.

8. Credo in Spiritum sanctum,

9. Sanctam Ecclesiam catholicam, sanctorum communionem,

10. Remissionem peccatorum,

11. Carnis resurrectionem,

12. Vitam æternam. Amen.

ΑΝΤΙΦΩΝΗ

τῷ πνεύματι ἁγίῳ.

ἘΛΘῈ, ἅγιον Πνεῦμα, πλήρωσον τάς σοι πιστευσαμένων καρδίας, καὶ ἐν αὐτοῖς τὸ σῆς φιλίας πῦρ ἅπτε.

ANTIPHONA

SPIRITUI SANCTO.

VENI, sancte Spiritus, reple tuorum corda fidelium, et tui amoris in eis ignem accende.

9.

Στίχ. Ἔκπεμψον Πνοήν σου, καὶ κτισθήσονται.	*Ver.* Emitte Spiritum tuum, et creabuntur.
Ἀπόκρ. Καὶ τὴν γῆς πρόσοψιν ἐπισκευάσεις.	*Resp.* Et renovabis faciem terræ.

Εὐχώμεθα.

OREMUS.

ΘΕΟΣ ὁ σήμερον τὰς τῶν πιστῶν καρδίας τῷ τοῦ Πνεύματος ἁγίου φωτισμῷ διδάξας, δὸς ἡμῖν ἐν τῷ αὐτῷ Πνεύματι εὐφρονεῖν, καὶ τῇ αὐτοῦ παρακλήσει ἀεὶ εὐφραίνεσθαι. Διὰ τοῦ Κυρίου ἡμῶν Ἰησοῦ Χριστοῦ. Ἀμήν.

DEUS qui hodiernâ die corda fidelium sancti Spiritûs illustratione docuisti, da nobis in eodem Spiritu recta sapere, et de ejus semper consolatione gaudere. Per Dominum nostrum Jesum Christum. Amen.

ΑΝΤΙΦΩΝΗ

ANTIPHONA

τῇ ἁγίᾳ Μαρίᾳ.

SANCTÆ MARIÆ.

ΥΠΟ σὴν βοήθειαν καταφεύγομεν, θεοτόκε ὑπεραγία, τὰς ἡμῶν ἱκεσίας μὴ παρίδῃς ἐν περιστάσεσι, ἀλλ' ἐκ κινδύνων πάντων λύτρωσαι ἡμᾶς, ἀειπαρθένε ἔνδοξε καὶ εὐλογημένη.

SUB tuum præsidium confugimus, sancta Dei genitrix, nostras deprecationes ne despicias in necessitatibus, sed à periculis cunctis libera nos, sempervirgo gloriosa et benedicta.

Στίχ. Εὔχου ὑπὲρ ἡμῶν ἁγία θεοτόκε.	*Vers.* Ora pro nobis sancta Dei genitrix.
Ἀπόκρ. Ὅπως ἀξιωθῶμεν τῶν ἐπαγγελιῶν τοῦ Χριστοῦ.	*Resp.* Ut digni efficiamur promissionibus Christi.

Εὐχώμεθα.	OREMUS.

Ἡ τῆς μακαρίας καὶ ὑπερενδόξου καὶ ἀειπαρθένου Μαρίας, δεόμεθα, Κύριε, ἔνδοξος μεσιτεία σκεπέτω ἡμᾶς, καὶ εἰς τὴν αἰώνιον ἀγαγέτω ζωήν. Διὰ Χριστοῦ τοῦ Κυρίου ἡμῶν. Ἀμήν.

Beatæ et gloriosæ semperque virginis Mariæ, quæsumus, Domine, intercessio gloriosa nos protegat et ad vitam perducat æternam. Per Christum Dominum nostrum. Amen.

ΛΙΤΑΝΕΙΑΙ

τῆς ἁγίας παρθένου.

LITANIÆ

SANCTÆ VIRGINIS.

KΎPIE, ἐλέησον.
Χριστὲ, ἐλέησον.
Κύριε, ἐλέησον.
Χριστὲ, ἄκουσον ἡμῶν.
Χριστὲ, εἰσάκουσον ἡμῶν.
Πάτερ ὁ ἐκ τῶν οὐρανῶν θεὸς, ἐλέησον ἡμᾶς.
Υἱὲ λυτρωτὰ τοῦ κόσμου θεὸς, ἐλέησον ἡμᾶς.
Πνεῦμα ἅγιον θεὸς, ἐλέησον ἡμᾶς.
Ἁγία Τριὰς εἷς θεὸς, ἐλέησον ἡμᾶς.
Ἁγία Μαρία, προσεύχου ὑπὲρ ἡμῶν.
Ἁγία Θεοτόκε,

KYRIE, eleison.
Christe, eleison.
Kyrie, eleison.
Christe, audi nos.
Christe, exaudi nos.
Pater de cœlis deus, miserere nobis.
Fili Redemptor mundi deus, miserere nobis.
Spiritus sancte deus, miserere nobis.
Sancta Trinitas unus deus, miserere nobis.
Sancta Maria, ora pro nobis.
Sancta Dei genitrix,

Ἁγία παρθένε παρθένων,	Sancta virgo virginum,
Μῆτερ Χριστοῦ,	Mater Christi,
Μῆτερ τῆς θείας χάριτος,	Mater divinæ gratiæ,
Μῆτερ καθαρωτάτη,	Mater purissima,
Μῆτερ ἁγνοτάτη,	Mater castissima,
Μῆτερ ἄχραντε,	Mater inviolata,
Μῆτερ ἀμίαντε,	Mater intemerata,
Μῆτερ ἐράσιμε,	Mater amabilis,
Μῆτερ θαυμαστὴ,	Mater admirabilis,
Μῆτερ κτίστορος,	Mater creatoris,
Μῆτερ σωτῆρος,	Mater salvatoris,
Παρθένε φρονιμωτάτη,	Virgo prudentissima,
Παρθένε αἰδεσίμη,	Virgo veneranda,
Παρθένε κηρυκτὴ,	Virgo prædicanda,
Παρθένε δυνατὴ,	Virgo potens,
Παρθένε ἐπιεικὲς,	Virgo clemens,
Παρθένε πιστὴ,	Virgo fidelis,
Κάτοπτρον δικαιοσύνης,	Speculum justitiæ,
Θρόνε σοφίας,	Sedes sapientiæ,
Αἰτία εὐφροσύνης ἡμῶν,	Causa nostræ lætitiæ,
Σκεῦος πνευματικὸν,	Vas spirituale,
Σκεῦος τίμιον,	Vas honorabile,
Σκεῦος ἐπίσημον θεοσεβείας,	Vas insigne devotionis,
Ῥόδον μυστικὸν,	Rosa mystica,
Πύργε τοῦ Δαβὶδ,	Turris Davidica,
Πύργε ἐλεφάντινε,	Turris eburnea,
Οἶκε χρυσοῦ,	Domus aurea,
Τῆς διαθήκης κιβωτὲ,	Fœderis arca,
Θύρα τοῦ οὐρανοῦ,	Janua cœli,
Ἄστρον πρωϊνὸν,	Stella matutina,
Σωτηρία ἀσθενῶν,	Salus infirmorum,

Καταφυγὴ ἁμαρτωλῶν, — Refugium peccatorum,

Παρήγορε θλιβομένων, — Consolatrix afflictorum,

Βοήθεια Χριστιανῶν, — Auxilium Christianorum,

Βασίλισσα Ἀγγέλων, — Regina Angelorum,

Βασίλισσα Πατριαρχῶν, — Regina Patriarcharum,

Βασίλισσα Προφητῶν, — Regina Prophetarum,

Βασίλισσα Ἀποστόλων, — Regina Apostolorum,

Βασίλισσα Μαρτύρων, — Regina Martyrum,

Βασίλισσα Ὁμολογητῶν, — Regina Confessorum,

Βασίλισσα Παρθένων, — Regina Virginum,

Βασίλισσα ἁγίων πάντων, — Regina sanctorum omnium,

προσεύχου ὑπὲρ ἡμῶν. — ora pro nobis.

Ἀμνὲ τοῦ Θεοῦ ὁ αἴρων τὰς ἁμαρτίας τοῦ κόσμου, φεῖσαι ἡμῶν, Κύριε. — Agnus Dei qui tollis peccata mundi, parce nobis, Domine.

Ἀμνὲ τοῦ Θεοῦ ὁ αἴρων τὰς ἁμαρτίας τοῦ κόσμου, εἰσάκουσον ἡμῶν, Κύριε. — Agnus Dei qui tollis peccata mundi, exaudi nos, Domine.

Ἀμνὲ τοῦ Θεοῦ ὁ αἴρων τὰς ἁμαρτίας τοῦ κόσμου, ἐλέησον ἡμᾶς. — Agnus Dei qui tollis peccata mundi, miserere nobis.

Στίχ. Εὔχου ὑπὲρ ἡμῶν... *Vers.* Ora pro nobis, etc., p. 161 et 162.

EXPLICATION DES PRIÈRES PRÉCÉDENTES.

Εὐχαὶ nom. plur. de εὐχὴ, ῆς, (ἡ), de la seconde déclinaison. R. εὔχομαι, p. 155. καθημερινὸς, ὴ, ὸν, adjectif de la troisième déclinaison composé de la préposition κατὰ, p. 43, et de la R. ἡμέρα, p. 19. La dernière lettre de κατὰ s'élide devant η, et le τ se change en l'aspirée θ, à cause de l'esprit rude qui est sur ἡ, dans ἡμέρα. Il est ici au nominatif pluriel du feminin.

NOTES SUR LE PATER NOSTER.

Εὐχὴ, nom. sing. Voyez ci-dessus. Κυριακὸς, ὴ, ὸν, *Dominicus, a, um,* adjectif de la troisième déclinaison, formé de κύριος, *dominus :* R. κῦρος, p. 254.

Πάτερ, vocat. de πατὴρ, p. 67. ἡμῶν, *nostrûm,* génitif plur. de ἐγώ, p. 38 — ὁ, art. *le,* qui équivaut au relatif *qui* et au verbe *sum :* mot à mot, *Père de nous le dans les cieux,* c'est-à-dire, *qui êtes dans les cieux.*

Ἐν, préposition, p. 42 — τοῖς, article — οὐρανοῖς, datif plur. de οὐρανὸς, p. 59.

1. Ἁγιασθήτω, aoriste 1 passif, à la troisième personne du sing. de l'impératif: ἁγιάζω, σω, κα,

sanctifico, de la quatrième conjugaison : passif ἁγιάζομαι, *sanctificor*, aoriste 1 ἡγιάσθην, *sanctificatus sum* : impératif ἁγιάσθητι, *sanctificeris*, ἁγιασθήτω, *sanctificetur*. R. ἅγιος, p. 75. — τὸ, article. — ὄνομα, nomin., p. 64. — σου, *tuí*, génitif de σὺ, p. 38.

2. Ἐλθέτω, aoriste 2 actif à la troisième personne au sing. de l'impératif de ἔρχομαι, p. 245 — ἡ, article — βασιλεία, ας, (ἡ), de la seconde déclinaison. R. βασιλεὺς, p. 256 — σου, ci-dessus.

3. Γενηθήτω, aoriste 1 passif, à la troisième personne du sing. de l'impératif de γείνομαι, p. 248.— τὸ, article — θέλημα, ατος, (τὸ), de la cinquième déclinaison, R. ἐθέλω, p. 247 — σου, ci-dessus — ὡς, adv., p. 81 — ἐν, ci-dessus — οὐρανῷ, datif singulier, ci-dessus — καὶ, conjonction, p. 80 — ἐπὶ, préposition, p. 43 — τῆς, article — γῆς, génitif de γῆ, p. 49.

4. Τὸν, article — ἄρτον, accusatif singulier de ἄρτος, p. 54 — ἡμῶν, ci-dessus — τὸν, article — ἐπιούσιος, α, ον, *quotidianus*, *a*, *um*, adjectif de la troisième déclinaison, formé du participe présent du verbe εἰμὶ, ὢν, au féminin οὖσα, d'où se fait le substantif οὐσία, ας (ἡ), *substantia*; et de là, avec la préposition ἐπὶ, se fait l'adjectif ἐπιούσιος, qui signifie encore *supersubstantialis* — Δὸς, aoriste 2 de δίδωμι, à la seconde personne du singulier de l'impératif actif, p. 236 — ἡμῖν, datif plur. de ἐγὼ, p. 38 — σήμερον, adverbe, R. ἡμέρα, p. 53.

5. Ἄφες, aoriste 2 à la seconde personne du singulier de l'impératif actif de ἀφίημι, *dimitto*, composé de la préposition ἀπὸ, *a, de*, et du verbe ἵημι, *mitto* : le ο de la préposition s'élide devant le ἱ, et la tenue π se change en son aspirée φ, à cause de l'esprit rude qui est sur ἱ, ἵημι; impératif, aoriste 2 ἕς, *mitte*, p. 241 ; de même ἀφίημι, ἄφες, *dimitte* — ἡμῖν ci-dessus — τὰ, article — ὀφείλημα, ατος, (τὸ), *debitum*, de la cinquième déclinaison. Au plur. ὀφειλήματα : il est ici à l'accusatif pluriel. R. ὀφείλω, p. 247 — ἡμῶν, ci-dessus — ὡς, καὶ, ci-dessus — ἡμεῖς, nomin. plur. de ἐγὼ, p. 38 — ἀφίεμεν, première personne du pluriel de ἀφίημι, comme ἵεμεν, de ἵημι, p. 241; voy. ἄφες, ci-dessus — τοῖς, article. — ὀφειλέτης, ου, (ὁ), *debitor*, de la première déclinaison ; il est ici au datif pluriel, R. ὀφείλω, p. 247 — ἡμῶν, ci-dessus.

6. Μὴ, adverbe, p. 80 — εἰσενέγκῃς, aoriste 2 à la seconde personne du subjonctif actif de εἰσφέρω, *infero, induco;* composé de la préposition εἰς, p. 42, et du verbe φέρω, p. 249. Aoriste 2 indicatif ἤνεγκον, subjonctif ἐνέγκω, ῃς, ῃ; de même le composé, aoriste 2 indicatif εἰσήνεγκον, l'augment après la préposition : subjonctif sans augment εἰσενέγκω, ῃς, ῃ — εἰς, préposition, p. 42 — πειρασμὸς, οῦ (ὁ), *tentatio*, de la troisième déclinaison; il est ici à l'accusatif sing. R. πεῖρα, p. 53.

7. Ἀλλὰ, adverbe, p. 78 — ῥῦσαι, aoriste 1 à la seconde personne de l'impératif moyen de ῥύω, pré-

sent ῥύομαι, *traho, libero,* de la sixième conjugaison, R. ἐρύω, p. 166 — ἡμᾶς, accus. plur. de ἐγὼ, p. 38 — ἀπὸ, préposition , p. 43 — τοῦ, article — πονηρὸς, ὰ, ὸν, *malus, a, um,* adjectif de la troisième déclinaison. Il est ici au neutre pris substantivement, et au génitif : R. πένομαι, p. 163.

Ἀμὴν est un mot hébreu, *verum, vere fiat.*

SUR L'AVE MARIA.

Ἀσπασμὸς, οῦ, (ὁ), de la troisième déclinaison, R. ἀσπάζομαι, p. 160, *amplector, saluto* — ἄγγελος, ου, (ὁ), de la troisième déclinaison, R. ἀγγέλλω, p. 160 — πρὸς, préposition , p. 42 — ἅγιος, p. 75. Comparatif ἁγιώτερος, superlatif ἁγιώτατος, η, ον. Il est ici à l'accusatif féminin — παρθένος, p. 61 : il est à l'accusatif singulier.

1. Χαῖρε, impér. du verbe χαίρω, *gaudeo* : on se sert de ce mot en saluant quelqu'un, *salve, ave.*

Κεχαριτωμένη, participe passif du prétérit parfait du genre féminin, de χαριτόω, *gratifico, gratiâ repleo,* de la sixième conjugaison, futur χαριτώσω, parfait κεχαρίτωκα, parfait passif κεχαρίτωμαι, participe κεχαριτωμένος, *qui gratiâ affectus est, repletus est, gratiâ plenus.* R. χάρις, p. 68.

Μαρία, ας, (ἡ), nom propre, de la seconde déclinaison, hébreu d'origine.

Κύριος, ου, (ὁ), de la troisième déclinaison, R. κύ-ρος, p. 254.

Μετὰ, préposition, p. 43 — σοῦ, génitif de σὺ, p. 38.

2. Εὐλογημένη, participe passif du prétérit parfait du genre féminin, de εὐλογέω, *benedico*, de la sixième conjugaison, futur εὐλογήσω, parfait εὐλόγηκα, parfait passif εὐλόγημαι, participe εὐλογημένος, *benedictus*. Ce verbe est composé de εὖ, *benè*, R. εὖς, p. 77, et de λέγω, p. 153.

Γυναιξὶ, datif plur. de γυνὴ, p. 72.

Εὐλογημένος, ci-dessus — καρπὸς, p. 56 — κοιλία, ας, (ἡ), de la seconde déclinaison; R. κοῖλος, p. 73.

3. Ἁγία féminin de ἅγιος, p. 75 — μῆτερ, vocatif de μήτηρ, p. 67 — θεὸς, p. 56 — πρέσβευε, impératif présent de πρεσβεύω, *legatione fungor, intercedo, oro*; R. πρέσβυς, *senex, legatus, orator*, génitif πρέσβυος, de la 5e déclinaison, p. 77 — ὑπὲρ, préposition, p. 43 — ἡμῶν, génitif pluriel de ἐγὼ, cas de la préposition — ἁμαρτωλῶν, génitif pluriel de ἁμαρτωλὸς, οῦ, (ὁ, ἡ), de la troisième déclinaison, R. ἁμαρτάνω, p. 247 — νῦν, adverbe, p. 80 — ἐν, préposition, p. 42 — ὥρᾳ, datif de ὥρα, p. 54 — θάνατος, ου, (ὁ), de la troisième déclinaison; R. θνήσκω, p. 245.

SUR LE CREDO.

Σύμβολον, ου, (τὸ), de la troisième déclinaison; il vient du verbe συμβάλλω, *conjicio*, composé de la R. βάλλω, *jacio*, p. 247, et de la préposition σὺν, *cum,* p. 42; mais dans la composition ν se change en μ devant 6, suivant les règles de l'orthographe. Βάλλω fait au participe moyen βέϐολα; de là *symbolum,* qui est la même chose que *signum, tessera.*

Ἀπόστολος, ου, (ὁ), *legatus, missus,* de la troisième déclinaison : il vient du verbe στέλλω, p. 161, composé de la préposition ἀπὸ, p. 43 : il est ici au génitif pluriel. Στέλλω, fait au parfait moyen ἔστολα, p. 146, d'où vient ἀπόστολος, *apostolus.*

Πιστεύω, εύσω, ευκα, de la sixième conjugaison; il vient de πίστις, εως, (ἡ), *fides, persuasio :* R. πείθω, p. 156 — θεὸν, accusatif singulier de θεὸς, p. 56, et πατέρα de πατὴρ, p. 67 — παντοκράτωρ, ορος, (ὁ, ἡ), de la cinquième déclinaison, composé des deux racines πᾶς p. 77, et κράτος p. 253; il est à l'accusatif sing. — ποιητὴς, οῦ, (ὁ), de la première déclinaison, *factor, creator, poeta,* à l'accusatif sing.; R. ποιέω, p. 259.

2. Ἰησοῦς, p. 91; il est à l'accusatif sing. ainsi que les suivants — Χριστὸς, οῦ, (ὁ), de la troisième déclinaison, *unctus :* R. χρίω, p. 164 — υἱὸς, p. 60 — αὐτὸς, p. 40, au génitif, *ipsius, ejus* — εἷς, p. 35 — μόνος, p. 74, à l'accusatif sing. *unum, solum, unicum.* — κύριος, voyez dans l'*Ave.*

3. Συλληφθέντα, *conceptum,* accusatif sing. de συλληφθείς, participe passif aoriste 1 de συλλαμβάνω, *concipio,* composé de λαμβάνω, p. 248 et de la préposition σὺν, dont ν est changée en λ devant λ. Aoriste 1 passif à l'indicatif συνελήφθην, *conceptus*

sum ; l'augment après la préposition ; participe sans augment, συλληφθείς.

Γεννηθέντα, *natum, genitum*, accusatif sing. de γεννηθεὶς, participe passif, aoriste 1 de γεννάω, ησω, ηκα, de la sixième conjugaison. R. γείνομαι, p. 248.

4. παθόντα, *passum*, accusatif sing. de παθὼν, participe actif, aoriste 2 de πάσχω, p. 245 — σταυρωθέντα, *crucifixum*, accusatif sing. de σταυρωθεὶς, participe passif, aoriste 1 de σταυρόω, ώσω, ωκα, *crucifigo*, de la sixième conjugaison. Aoriste 1 passif indicatif ἐσταυρώθην, participe σταυρωθεὶς; R. σταυρὸς, p. 60 — θανόντα, *mortuum*, accusatif sing. de θανὼν, participe actif, aoriste 2 de θνήσκω, p. 245 — ταφέντα, *sepultum*, accusatif singulier de ταφεὶς, participe passif aoriste 2 de θάπτω, *sepelio*, p. 151; il change à ce temps la figurative du présent π, en son aspirée φ, p. 137, exception 3. Ce changement est cause d'un second, qui arrive dans la première lettre θ, qui est ici changée en τ, p. 149.

5. Κατελθόντα, accusatif singulier de κατελθὼν, participe actif, aoriste 2 de κατέρχομαι, *descendo*, composé de la préposition κατὰ, p. 43, dont α s'élide, et de ἔρχομαι, p. 245. Les Latins n'ont point de participe actif pour le prétérit; c'est pourquoi il faut dire, *qui descendit, qui resurrexit, qui ascendit* — ᾅδης, ou ἀΐδης, p. 47 — τρίτος, p. 37; R. τρεῖς, p. 35 — ἡμέρα, p. 53; il est au datif sing.; ἀναστάντα, accusatif sing. de ἀναστὰς, com-

posé de la préposition ἀνὰ, p. 43, et du participe actif aoriste 2 de ἴστημι, p. 235; au présent ἀνίστημι, *resurgo*, α s'élide devant le redoublement ι — νεκρὸς, p. 58, au génitif pluriel.

6. Ἀνελθόντα, ci-dessus de ἀνέρχομαι, *ascendo*, composé de la préposition ἀνὰ — Καθεζόμενος à l'accusatif sing. *sedentem*, participe présent moyen ou passif de ἕζομαι, p. 160, composé de la préposition κατὰ; α s'élide, et τ se change en son aspirée θ, à cause de l'esprit rude qui est sur έ; d'où se fait καθέζομαι, *sedeo* — δεξιὰ, p. 52, au datif singulier.

7. Ὅθεν, *undè*, *ex quo loco*, adverbe; R. ὅς, *qui*, p. 40 — μέλλει, troisième personne singulière du présent de μέλλω, p. 160, *il doit venir;* les Latins n'ont point ce verbe, ils l'expriment par le futur en *rus* — ἔρχομαι, p. 245, au présent de l'infinitif moyen, *venire* — Κρίνω, p. 161, à l'aoriste 1 de l'indicatif actif; mot à mot : *d'où il doit venir juger* — ζάω, *vivo*, de la seconde conjugaison circonflexe, p. 261. Participe présent ζάων, et par circonflexion ζῶν, *vivens, vivus;* il est ici à l'accusatif pluriel du masculin. νεκροὺς, accusatif pluriel : voyez ci-dessus, 5.

8. Πνεῦμα, p. 25. R. πνέω, p. 260.

9. Ἐκκλησία, ας (ἡ), de la seconde déclinaison; il est à l'accusatif sing. composé de la préposition ἐκ, p. 42, et formé de la R. καλέω, p. 250, *évocation, convocation, assemblée* — Καθολικὸς, ή, όν,

universalis; composé de la R. ὅλος, p. 74, et de la préposition κατὰ, voyez ci-dessus καθεζόμενος, 6. — κοινωνία, ας, (ἡ), de la seconde déclinaison, à l'accusatif sing.; R. κοινὸς, p. 73.

10. Ἄφεσις, εως, (ἡ), *dimissio, remissio,* de la seconde déclinaison contracte. Ce nom vient du verbe ἀφίημι : voyez ἄφες dans le *Pater —* 5. ἁμαρτία, ας, (ἡ), de la seconde déclinaison, R. ἁμαρτάνω, p. 247.

11. Σὰρξ, p. 72. ἀνάστασις, εως, (ἡ), de la seconde déclinaison contracte. Ce nom vient du verbe ἀνίστημι, ci-dessus, 5.

12. Ζωὴ, ῆς (ἡ), de la seconde déclinaison, R. ζάω, p. 261 — αἰώνιος, ου (ὁ , ἡ), de la troisième déclinaison ; R. αἰὼν, p. 69.

SUR LE VENI SANCTE SPIRITUS.

Ἀντιφωνὴ, ῆς, (ἡ): composé de la préposition ἀντὶ, p. 43, et de la R. φωνὴ, p. 52.

1. Ἐλθὲ, impératif actif aoriste 2 de ἔρχομαι, p. 245 — τὰς, article de καρδίας, accusatif pluriel, p. 52 — πιστευσαμένων, participe moyen, aoriste 1, génitif pluriel de πιστεύω, *credo :* mot à mot, *tibi credentium;* R. πείθω, p. 156 — τὸ, article de πῦρ, p. 69 — σῆς, génitif féminin de σὸς, p. 39 — φιλίας, génitif singulier de φιλία, ας, (ἡ); R. φίλος, p. 74 — ἅπτε, impératif actif présent de ἅπτω, p. 151, *necto;* il signifie aussi *accendo.*

2. Στίχ., abréviation, pour στίχος, ου, (ὁ), *versus, versiculus*; R. στείχω, p. 155 — ἔκπεμψον, composé de la préposition ἐκ, p. 42, et de la R. πέμπω, p. 151; il est à l'impératif actif aoriste 1; πνοὴν, accusatif de πνοὴ, ῆς, (ἡ); R. πνέω, p. 260 — κτισθήσονται, futur 1 passif de κτίζω, *fabrico, creo*, p. 158.

3. Ἀπόκρ., abréviation, pour ἀπόκρισις, εως, (ἡ), *responsio*, composé de la préposition ἀπὸ, p. 43, et de la R. κρίνω, p. 161, d'où le moyen ἀποκρίνομαι, *respondeo*. πρόσοψιν, accusatif singulier de πρόσοψις, εως, (ἡ) : composé de la préposition πρὸς, p. 42, et de la R. ὄπτομαι, p. 153 — ἐπισκευάσεις, futur 1 indicatif actif, seconde personne de ἐπισκευάζω, *renovo, instauro*, composé de la préposition ἐπὶ, p. 43, et de σκευάζω, σω, κα, *præparo*; R. σκεῦος, p. 254.

4. Εὐχώμεθα, première personne du pluriel au présent du subjonctif moyen, du verbe εὔχομαι, p. 155.

5. Θεός, p. 56; il est au vocatif semblable au nominatif, p. 22 — ὁ, article de διδάξας. — σήμερον, voyez le *Pater*, 4 — τὰς καρδίας, ci-dessus, 1 — τῶν, article du suivant — πιστός, ου, (ὁ), *fidelis*, au génitif pluriel; R. πείθω, comme ci-dessus, 1 — τῷ, article de φωτισμῷ, datif ou ablatif de φωτισμὸς, οῦ, (ὁ); R. φάω, *luceo*, p. 250 — διδάξας, nominatif participe actif aoriste 1 de διδάσκω, p. 245. Nous avons déjà remarqué que les Latins n'ont point de

participe actif pour le prétérit. — δὸς, voyez le *Pater*, 4 — αὐτὸς, *ipse*, *idem*, au datif, p. 40 — εὐφρονεῖν, infinitif actif circonflexe de εὐφρονέω, ἤσω, ηκα, *sapio*; R. ἐΰς, p. 77, et φρὴν, p. 66 — τῇ, article de παρακλήσει, datif ou ablatif de παράκλησις, εως, (ἡ), *consolatio*, composé de la préposition παρὰ, p. 43, et formé de la R. καλέω, p. 250 — ἀεὶ, adverbe, p. 93 — εὐφραίνεσθαι, infinitif passif de εὐφραίνω, *oblecto*, passif *oblectari*, *gaudere*. — διὰ, préposition, p. 43.

SUR LE SUB TUUM PRÆSIDIUM.

1. Ὑπὸ, préposition, p. 43 — σὴν, accusatif féminin de σός, p. 39 — βοήθεια, ας, (ἡ), *auxilium*, *præsidium*, à l'accusatif; R. βοηθέω, p. 258 — καταφεύγω, à la première personne du pluriel du présent de l'indicatif actif, composé de κατὰ, p. 43, et de φεύγω, p. 154 — θεοτόκος, ου, (ἡ), *deipara*, au vocatif, composé de θεὸς, p. 56, et formé de τίκτω, p. 245 — ὑπεραγία, *supersancta*, *sanctissima*, au vocatif, composé de ὑπὲρ, p. 43, et du féminin de ἅγιος, p. 75 — τὰς, article de ἱκεσίας, accusatif pluriel de ἱκεσία, ας, (ἡ), *supplicatio*, *deprecatio*; R. ἱκέτης, p. 48 — μὴ, adverbe, p. 80 — παρίδῃς, composé de παρὰ, p. 43, et de ἴδῃς, seconde personne aoriste 2 du subjonctif de εἴδω, *video*, *aspicio*, p. 246, d'où παρείδω, *despicio* — περίστασις, εως (ἡ), *circumstantia*, *urgens necessitas*, au datif

pluriel composé de περὶ, p. 43, et de ἵστημι, venant
de στάω, p. 235 — ἀλλ’, pour ἀλλὰ, p. 78; α s’é-
lide devant la voyelle suivante, et se marque par
une apostrophe, p. 13 — ἐκ, p. 42 — κίνδυνος, au
génitif pluriel, p. 57 — πᾶς, génitif pluriel, p. 77
— λύτρωσαι, impératif moyen aoriste 1 de λυτρόω,
ώσω, ωκα, *redimo, libero;* R. λύω, p. 166 —
ἀειπαρθένε, au vocatif, composé de ἀεὶ, p. 78, et de
παρθένος, p. 62 — ἔνδοξος, ου (ὁ καὶ ἡ), au vocatif:
de δόξα, *gloria;* R. δοκέω, p. 250 — εὐλογημένη,
voyez l’*Ave Maria.*

2. Εὔχου, impératif moyen, présent de εὔχομαι,
p. 155 — ὅπως, la même chose que ὡς, p. 81. —
ἀξιωθῶμεν, passif aoriste 1 du subjonctif à la première personne du pluriel de ἀξιόω, ώσω, ωκα,
dignor, dignum judico, dignum efficio; R. ἄξιος,
p. 75 — ἐπαγγελία, ας (ἡ), *promissio,* au génitif
pluriel composé de ἐπὶ, p. 43, et de ἀγγέλλω,
p. 160.

3. Ἡ, article féminin de μεσιτεία — μακάριος,
ία, ιον; R. μάκαρ, p. 65 — ὑπερενδόξου, *superglo-
riosæ, gloriosissimæ,* composé de ὑπὲρ, p. 43, et
de ἔνδοξος, au génitif sing. ci-dessus, 1 — Μαρίας,
génitif de Μαρία, nom propre — μεσιτεία, ας (ἡ);
R. μέσος, p. 74 — δεόμεθα, première personne du
pluriel du présent de l’indicatif moyen δέομαι, *quæro,*
oro; R. δέω, p. 259 — σκέπω, *tego, protego,* p. 151,
à l’impératif présent troisième personne — αἰώνιον
ζωὴν; voyez le *Credo,* 12 — ἀγαγέτω, impératif

actif aoriste 2 troisième personne de ἄγω, p. 153, *ago*, *induco*, *perduco*, en répétant les deux premières lettres, ce qui s'appelle le *redoublement attique*, au lieu de ἀγέτω, comme nous l'avons dit sur ὄλλυμι, p. 250.

SUR LES LITANIES DE LA SAINTE VIERGE.

Λιτανεία, ας (ἡ), *supplicatio*, de λιτανεύω, *supplico*; R. λίσσομαι, p. 160.

Ἐλέησον, impératif actif aoriste 1 de ἐλεέω, *misereor*, futur ἐλεήσω; R. ἔλεος, p. 253. L'usage a prévalu de dire *eleison*; mais c'est une prononciation moderne, et dans les lettres de saint Grégoire, pape, on lit toujours *eleeson*.

Ἄκουσον, impératif actif, aoriste 1 de ἀκούω, p. 165 — εἰσακούω, même verbe, composé de la préposition εἰς, p. 42.

Λυτρωτὴς, οῦ (ὁ), de la première déclinaison, au vocatif; R. λύω, p. 166 — κόσμος, p. 57 — τρίας, άδος (ἡ); R. τρεῖς, p. 35 — εἷς, p. 35.

Προσεύχου, impératif présent du moyen de προσεύχομαι, composé de πρὸς, p. 42, et de εὔχομαι, p. 155.

Θεῖος, α, ον, *divinus*, *a*, *um* — χάρις, p. 68 — καθαρὸς, ὰ, ὸν, *purus*, *a*, *um*; καθαρώτερος, α, ον, *purior*; καθαρώτατος, η, ον, *purissimus*, *a*, *um* : R. καθαίρω, p. 162 — ἁγνὸς, ὴ, ὸν, *castus* : superlatif ἁγνότατος, η, ον, *castissimus*, *a*, *um* — ἄχραν-

τος, ου (ὁ καὶ ἡ), au vocatif : composé de l'α privatif,
p. 78, et formé de la R. χράω, p. 262, qui signifie
aussi *tingo*, *coloro* : d'où ἄχραντος, *non tincta*,
nullo colore, *nullà maculà violata* — ἀμίαντος,
ου (ὁ καὶ ἡ), au vocatif, composé de l'α privatif et
de μιαίνω, p. 162 — ἐράσιμος, ου (ὁ καὶ ἡ) ; R. ἐράω,
p. 260 — θαυμαστὸς, ή, ὸν ; R. θαυμάζω, p. 157 —
κτίστωρ, ορος (ὁ), R. κτίζω, p. 157 — σωτὴρ, ῆρος (ὁ) ;
R. σόος, p. 75.

Φρόνιμος, ου (ὁ καὶ ἡ), comparatif φρονιμώτερος, α,
ον. Superlatif φρονιμώτατος, η, ον ; R. φρὴν, p. 66 —
αἰδέσιμος, ου (ὁ καὶ ἡ) ; R. αἰδὼς, p. 256 — κηρυκτὸς,
ή, ὸν ; R. κήρυξ, p. 71 — δυνατὸς, οῦ (ὁ καὶ ἡ), et
ὸς, ή, ὸν ; R. δύναμαι, p. 251 — ἐπιεικὴς, έος (ὁ
καὶ ἡ), composé de ἐπὶ, p. 43, et formé de εἴκω,
p. 154, qui signifie aussi *cedo*, d'où vient la signification *clemens*, comme si l'on disait, *qui jure suo
facilè cedit* — πιστὸς, ή, ὸν ; R. πείθω ; p. 156.

Κάτοπτρον, ου (τὸ), composé de κατὰ, p. 43, et
de ὄπτομαι, p. 153 — δικαιοσύνη, ης (ἡ) ; R. δίκη,
p. 50 — θρόνος, ου, (ὁ), *thronus*, *sedes* : R. θράω,
p. 261 — σοφία, ας (ἡ) ; R. σοφὸς, p. 74 — αἰτία,
p. 52 — εὐφροσύνη, ης (ἡ), *lætitia* : composé de ἐΰς,
p. 77, et de φρὴν, p. 66 — σκεῦος, p. 254 — πνευ-
ματικὸς, ή, ὸν, de πνεῦμα, p. 25 ; R. πνέω, p. 260
— τίμιος, α, ον, de τιμὴ, p. 19 ; R. τίω, p. 164 —
ἐπίσημος, ου (ὁ καὶ ἡ) ; et ον (τὸ) ; R. σῆμα, p. 64 —
θεοσέβεια, ας (ἡ), composé de θεὸς, p. 56, et de σέβω,
p. 150.

Ῥόδον, ου (τὸ), p. 63 — μυστικὸς, ὴ, ὸν; R. μυέω, instituo in sacris, *je consacre par la religion* — πύργος, ου (ὁ), p. 59 — Δαϐὶδ, nom propre hébreu indéclinable : l'article fait voir qu'il est ici au génitif, *Davidis* — ἐλεφάντινος, η, ον, de ἐλέφας, αντος (ὁ), *elephas, ebur,* p. 65 — οἶκος, p. 58, au vocatif — χρυσὸς, p. 60, au génitif — διαθήκη, ης (ὴ), *testamentum, fœdus,* composé de διὰ, p. 43, et de τίθημι, p. 230 — κιϐωτὸς, p. 61, au vocatif — θύρα, p. 53 — ἄστρον, ου (τὸ), *astrum, sidus, stella;* R. ἀστὴρ, p. 66 — πρωϊνὸς, ὴ, ὸν; R. πρωΐ, p. 80 — σωτηρία, ας (ὴ); R. σόος, p. 75 — ἀσθενὴς, έος, οῦς (ὁ καὶ ὴ), de la première déclinaison contracte, composé de α privatif, p. 78, et de σθένω, p. 162 — καταφυγὴ, ῆς (ὴ), composé de κατὰ, p. 43, et φεύγω, p. 154 — ἁμαρτωλῶν, voyez l'*Ave Maria,* 3.

Παρήγορος, ου (ὁ καὶ ὴ), de παρηγορέω, *consolor,* composé de παρὰ, p. 43, et formé de la R. ἀγορὰ, p. 53 — θλιϐόμενος, η, ον, participe présent, moyen ou passif de θλίϐω, *premo, affligo,* p. 150 — βοήθεια, voyez le *Sub tuum,* 1 — χριστιανὸς, ὴ, ὸν, de χριστός; voyez le *Credo* — βασίλισσα, ης (ὴ), féminin de βασιλεὺς, p. 256 — πατριάρχης, ου (ὁ), composé des deux RR. πατὴρ, p. 67, et ἀρχὴ, p. 49 — προφήτης, ου (ὁ), composé de προ, p. 42, φάω, *dico,* p. 250 — ἀπόστολος, voyez au commencement du *Credo* — μάρτυρ, p. 68 — ὁμολογητὴς, οῦ (ὁ), composé de ὁμὸς, p. 74, et de λόγος, p. 20; R. λέγω, p. 153 — πᾶς, p. 77, génitif pluriel.

Ἀμνὸς, p. 54, au vocatif — αἴρων, participe présent actif de αἴρω, p. 162 — ἁμαρτία, ας (ἡ); R. ἁμαρτάνω, p. 247 — φεῖσαι, aoriste 1 de l'impératif du moyen φείδομαι, p. 156.

FIN DE LA DEUXIÈME PARTIE.

TROISIÈME PARTIE.

INTRODUCTION

A LA

LANGUE GRECQUE.

TROISIÈME PARTIE.

Pour les quatrièmes.

CHAPITRE PREMIER.

DES DÉCLINAISONS CONTRACTES.

TABLE

DES DÉCLINAISONS CONTRACTES.

1.	2.		3.	4.	5.
com. n.	com. n.	com. n.	masc.	neutre.	fém.
ης : ες, ος.	ις, ι : ις, ι.	υς, υ.	εύς.	ας.	ώ, ώς.
εος.	εος : ιος.		έος.		
	εως.		έως.	ατος.	όος.

CONTRACTIONS.

Singulier.					
G. ους.	·	·	·	αος, ως.	ους̃.
D. ει.	ει,	ι.	εῖ.	αϊ, α.	οῖ.
A. η.	·	·	·	·	ω̃.
Duel.					
N. η.	η.	·	η̃.	αε, α.	·
G. οῖν.	·	·	·	άοιν, ῳ̃ν.	·
Pluriel.					
N. εις, η.	εις, η,	ις, ι.	εῖς.	αα, α.	·
G. ω̃ν.	·	·	·	άων, ω̃ν.	·

	6. *com. com.*	7. *com. neut.*
N. *Sing.*	υς, ους.	ων, ον.
G.	υος, οος.	ονος.

CONTRACTION.

Acc. *Sing.*	·	·	ω. ·
Plur.	υς, ους.		ους, ω.

Les déclinaisons contractes ne sont que des branches de la cinquième déclinaison, à laquelle appartiennent en effet les noms qu'on appelle contractes. Ainsi pour décliner aisément ces noms, il faut d'abord les décliner sur la table de la cinquième des simples, et de là passer à la table des contractes dans la déclinaison à laquelle appartient le nom que l'on décline. Les points qui se trouvent à certains cas dans la table des contractes, signifient que dans ces cas il n'y a point de contraction. On ne doit donc regarder tout ce que nous allons donner des contractes, que comme un exercice sur la cinquième des simples.

Tous les noms qui souffrent contraction ne sont pas ce que nous appelons ici noms contractes. Car lorsque la contraction se fait au nominatif singulier, elle continue dans tous les cas, et ne change rien à la manière de décliner ; et ces sortes de noms appartiennent purement aux déclinaisons simples. C'est pour cela que nous avons vu que διπλοῦς, διπλοῦν, contracte de διπλόος, διπλόον, appartenait à la troisième déclinaison simple, et le féminin διπλόη ou par contraction διπλῆ, à la seconde. En effet, on décline également et sur la même table, soit qu'on dise διπλόη, génitif διπλόης, ou par contraction διπλῆ, génitif διπλῆς, etc.

D. Que sont les déclinaisons contractes ?

R. Les déclinaisons contractes sont celles qui contiennent les noms contractes.

D. Que sont les noms contractes ?

R. Les noms contractes sont des noms de la cinquième déclinaison des simples, qui ayant leur génitif en ός ou ως pur, c'est-à-dire précédé d'une voyelle, souffrent contraction dans quelques uns de leurs cas.

D. Qu'est-ce que la contraction ?

R. On appelle contraction, la réunion de deux syllabes en une seule.

11.

D. *Que sont les déclinaisons dites simples?*

R. Les déclinaisons simples sont les cinq premières, qu'on appelle seulement déclinaisons, ou bien déclinaisons simples, quand on veut les distinguer des contractes.

REMARQUES GÉNÉRALES SUR LES DÉCLINAISONS
CONTRACTES.

D. *Dans les déclinaisons contractes, quels sont les cas qui ne se contractent jamais?*

R. Premièrement le nominatif singulier ne se contracte point, ni par conséquent le vocatif qui lui est parisyllabique ; ni, dans les neutres, l'accusatif et le vocatif singulier, toujours semblables au nominatif. Secondement le datif pluriel ne se contracte point non plus ; puisque se faisant en insérant σ devant ι, la terminaison n'est pas pure, ou précédée d'une voyelle.

D. *Quels sont les cas qui se contractent toujours?*

R. Au singulier le datif, au duel et au pluriel le nominatif, l'accusatif, et le vocatif se contractent toujours ; et ces trois cas du pluriel sont toujours semblables dans la contraction, comme ceux du duel.

La contraction du duel n'est pourtant pas toujours usitée.

D. *Quels sont les cas qui quelquefois se contractent, et quelquefois ne se contractent pas?*

R. Les génitifs des trois nombres, et l'accusatif masculin du singulier se contractent quelquefois, et quelquefois ne se contractent pas.

D. *Quand est-ce que ces cas se contractent?*

R. La contraction de ces cas dépend du génitif singulier. Quand le génitif singulier se contracte, ces cas se contractent aussi ; et alors la déclinaison a contraction dans tous ces cas, excepté dans ceux qui ne se contractent jamais. Quand le génitif singulier ne se contracte point, ces cas ne se contractent point non plus; et alors la déclinaison n'a de contraction que dans les cas qui se contractent toujours ; ce qui ne fait qu'une contraction dans chaque nombre.

D. *Combien y a-t-il de déclinaisons contractes?*

R. Il y a cinq déclinaisons contractes.

D. *Dans quelle déclinaison le génitif singulier se contracte-t-il?*

R. Le génitif singulier se contracte dans la première et dans la quatrième déclinaison ; il ne se contracte point dans la seconde et la troisième. La cinquième n'a de contraction qu'au singulier.

A ces cinq déclinaisons nous en ajoutons une sixième et une septième, qui ont aussi quelques contractions extraordinaires.

Nous allons maintenant décliner les noms contractes suivant la cinquième déclinaison des simples, en y ajoutant la contraction, comme elle se trouve dans la table des contractes.

PREMIÈRE DÉCLINAISON CONTRACTE.

D. Quels noms contient la première déclinaison contracte ?

R. La première déclinaison contracte contient les masculins, féminins, et communs en ης, et les neutres en ες et en ος, dont le génitif est en εος.

D. Dans quels cas la première déclinaison a-t-elle contraction ?

R. La première déclinaison a contraction dans tous les cas, excepté ceux qui ne se contractent jamais.

D. De quelle déclinaison est Δημοσθένης, Δημοσθένεος, Demosthenes ?

R. Δημοσθένης, Δημοσθένεος est de la cinquième des simples et de la première des contractes.

D. Déclinez Δημοσθένης.

R.   SINGULIER.

Nom. Δημοσθένης.
Gén. Δημοσθένεος ou Δημοσθένους.
Dat. Δημοσθένεϊ ou Δημοσθένει, ει *diphthongue.*
Acc. Δημοσθένεα ou Δημοσθένη.
Voc. Δημόσθενες.

      DUEL.

Nom. Δημοσθένεε ou Δημοσθένη.
Gén. Δημοσθενέοιν ou Δημοσθένοιν.

PLURIEL.

Nom. Δημοσθένεες ou Δημοσθένεις.
Gén. Δημοσθενέων ou Δημοσθενῶν.
Dat. Δημοσθένεσι.
Acc. Δημοσθένεας ou Δημοσθένεις.
Voc. Δημοσθένεες ou Δημοσθένεις.

D. *Déclinez* ἄλγος, ἄλγεος, dolor, *du neutre.*

R.   SINGULIER.

Nom. ἄλγος, *dolor.*
Gén. ἄλγεος ou ἄλγους.
Dat. ἄλγεϊ ou ἄλγει, ει *diphthongue.*
Acc. ἄλγος.
Voc. ἄλγος.

DUEL.

Nom. ἄλγεε ou ἄλγη.
Gén. ἀλγέοιν ou ἀλγοῖν.

PLURIEL.

Nom. ἄλγεα ou ἄλγη.
Gén. ἀλγέων ou ἀλγῶν.
Dat. ἄλγεσι.
Acc. ἄλγεα ou ἄλγη.
Voc. ἄλγεα ou ἄλγη.

De même ἀληθὴς du commun, *verus, vera;* et ἀληθὲς du neutre, *verum.* Génitif ἀληθέος ou ἀληθοῦς, etc.

———

SECONDE DÉCLINAISON CONTRACTE.

D. Quels noms contient la seconde déclinaison contracte ?

R. La seconde déclinaison contracte contient les masculins, féminins, et communs en ις ou υς, et les neutres en ι ou υ, génitif εος ou εως; et les masculins, féminins, et communs en ις; et les neutres en ι, génitif ιος.

D. Dans quels cas la seconde déclinaison a-t-elle contraction ?

R. La seconde déclinaison, ainsi que la troisième, n'a de contraction que dans les cas qui se contractent toujours; ce qui ne fait qu'une contraction dans chaque nombre.

D. De quelle déclinaison est ὄφις, *génitif* ὄφεος, ὄφεως *et* ὄφιος, *serpens ?*

R. Ὄφις, ὄφεος, ὄφεως et ὄφιος, est de la cinquième des simples et de la seconde des contractes.

D. Déclinez ὄφις *par le génitif* ὄφεος *ou* ὄφεως.	*D. Déclinez* ὄφις *par le génitif* ὄφιος.
R. SINGULIER.	*R.* SINGULIER.
Nom. ὄφις.	Nom. ὄφις.
Gén. ὄφεος, ὄφεως.	Gén. ὄφιος.
Dat. ὄφεϊ ou ὄφει.	Dat. ὄφιϊ ou ὄφι.
Acc. ὄφιν.	Acc. ὄφιν.
Voc. ὄφι.	Voc. ὄφι.

<table>
<tr><td colspan="2">DUEL.</td><td colspan="2">DUEL.</td></tr>
<tr><td>Nom.</td><td>ὄφεε ou ὄφη.</td><td>Nom.</td><td>ὄφιε.</td></tr>
<tr><td>Gén.</td><td>ὀφέοιν.</td><td>Gén.</td><td>ὀφίοιν.</td></tr>
<tr><td colspan="2">PLURIEL.</td><td colspan="2">PLURIEL.</td></tr>
<tr><td>Nom.</td><td>ὄφεες ou ὄφεις.</td><td>Nom.</td><td>ὄφιες ou ὄφις.</td></tr>
<tr><td>Gén.</td><td>ὄφεων.</td><td>Gén.</td><td>ὀφίων.</td></tr>
<tr><td>Dat.</td><td>ὄφεσι.</td><td>Dat.</td><td>ὄφισι.</td></tr>
<tr><td>Acc.</td><td>ὄφεας ou ὄφεις.</td><td>Acc.</td><td>ὄφιας ou ὄφις.</td></tr>
<tr><td>Voc.</td><td>ὄφεες ou ὄφεις.</td><td>Voc.</td><td>ὄφιες ou ὄφις.</td></tr>
</table>

On dit encore au génitif du duel ὄφεων.

Pour ce qui est de l'accusatif et du vocatif singulier, voyez ce qui a été dit dans la cinquième déclinaison des simples, pag. 28.

Comme ὄφις, qui est du masculin, de même se décline le masculin ὠκὺς, *celer*, génitif ὠκέος, datif ὠκέϊ ou ὠκεῖ, accusatif ὠκὺν, vocatif ὠκὺ : duel nominatif ὠκέε, la contraction n'est pas usitée; génitif ὠκέοιν : pluriel nominatif ὠκέες ou ὠκεῖς, génitif ὠκέων, datif ὠκέσι, accusatif ὠκέας ou ὠκεῖς, vocatif ὠκέες ou ὠκεῖς.

De même le neutre, nominatif, accusatif, vocatif ὠκὺ, *celere,* le génitif, le datif et le duel comme au masculin ; le pluriel nominatif, accusatif, vocatif ὠκέα, rarement ὠκῆ : le génitif et le datif comme au masculin.

De même le neutre σίνηπι, *sinapi,* pour le nominatif, accusatif et vocatif singulier, le génitif σινή-πεος, σινήπεως et σινήπιος, comme ὄφις ; et de même le datif et le duel; le pluriel nominatif, accusatif et vocatif, σινήπεα ou σινήπη, et σινήπια ou σίνηπι; génitif et datif comme dans ὄφις.

TROISIÈME DÉCLINAISON CONTRACTE.

D. *Quels noms contient la troisième déclinaison contracte?*

R. La troisième déclinaison contracte contient les masculins en ευς, dont le génitif est en εος, ηος ou εως.

D. *Dans quels cas la troisième déclinaison a-t-elle contraction?*

R. La troisième déclinaison, ainsi que la seconde, n'a de contraction que dans les cas qui se contractent toujours; ce qui ne fait qu'une contraction dans chaque nombre.

D. *De quelle déclinaison est* βασιλεὺς, βασιλέος, *rex?*

R. Βασιλεὺς, βασιλέος est de la cinquième des simples, et de la troisième des contractes.

D. *Déclinez* βασιλεύς.

R.   SINGULIER.

Nom. βασιλεύς.
Gén. βασιλέος.
Dat. βασιλέϊ ou βασιλεῖ, ει *diphthongue.*
Acc. βασιλέα.

DUEL.

Nom. βασιλέε ou βασιλῆ.
Gén. βασιλέοιν.

PLURIEL.

Nom. βασιλέες ou βασιλεῖς.
Gén. βασιλέων.
Dat. βασιλεῦσι.
Acc. βασιλέας ou βασιλεῖς.

QUATRIÈME DÉCLINAISON CONTRACTE.

D. Quels noms contient la quatrième déclinaison contracte?

R. La quatrième déclinaison contracte contient les neutres en ας pur, ou en ρας, génitif ατος.

D. Ces noms n'ayant pas le génitif en ος pur, comment se peut faire la contraction?

R. Ces noms se déclinent de deux manières : par la première, on ne fait qu'ôter le τ : par la seconde, on fait la contraction des voyelles qui restent.

D. Dans quel cas la quatrième déclinaison a-t-elle contraction?

R. La quatrième déclinaison, ainsi que la première, a contraction dans tous les cas, excepté dans ceux qui ne se contractent jamais.

D. De quelle déclinaison est le nom neutre κρέας, κρέατος, *caro?*

R. Κρέας, κρέατος, est de la cinquième des simples et de la quatrième des contractes.

D. *Déclinez* κρέας.

R.   SINGULIER.

Nom. Acc. Voc. κρέας, *caro*.
Gén.   κρέατος, κρέαος ou κρέως.
Dat.   κρέατι, κρέαϊ ou κρέᾳ.

DUEL.

Nom.   κρέατε, κρέαε ou κρέα.
Gén.   κρεάτοιν, κρεάοιν ou κρεῶν.

PLURIEL.

Nom. Acc. Voc. κρέατα, κρέαα ou κρέα.
Gén.   κρεάτων, κρεάων ou κρεών.
Dat.   κρέασι.

De même κέρας, κέρατος, *cornu*.

CINQUIÈME DÉCLINAISON CONTRACTE.

D. *Quels noms contient la cinquième déclinaison contracte?*

R. La cinquième déclinaison contracte contient
les féminins en ω ou en ως, génitif οος.

D. *De quelle déclinaison est le nom féminin*
αἰδὼς, αἰδόος, *pudor?*

R. Αἰδὼς, αἰδόος est de la cinquième des simples
et de la cinquième des contractes.

D. *Déclinez* αἰδώς.

R.   SINGULIER.

Nom. αἰδὼς, etc.
Gén. αἰδόος ou αἰδοῦς.
Dat. αἰδόϊ ou αἰδοῖ, οῖ *diphthongue*.
Acc. αἰδόα ou αἰδῶ.
Voc. αἰδοῖ.

D. *Pourquoi ne déclinez-vous pas le duel et le pluriel?*

R. Le duel et le pluriel ne sont pas de cette déclinaison, mais de la troisième des simples; comme si le singulier était αἰδὸς, αἰδοῦ.

D. *Déclinez le duel et le pluriel.*

R.   DUEL.

Nom. αἰδώ.
Gén. αἰδοῖν.

PLURIEL.

Nom. αἰδοί.
Gén. αἰδῶν.
Dat. αἰδοῖς.
Acc. αἰδούς.
Voc. αἰδοί.

De même μορμώ, μορμόος, *larva*.

Le vocatif singulier en οι est particulier à cette déclinaison.

SIXIÈME DÉCLINAISON CONTRACTE.

D. Quels noms contient la sixième déclinaison contracte ?

R. La sixième déclinaison contracte contient les masculins, féminins, et communs en υς, génitif υος ; et en ους, génitif οος. Ils n'ont qu'une **contraction**, savoir au pluriel pour les trois cas semblables, nominatif, accusatif et vocatif.

Le féminin et le commun se déclinent comme ces deux noms, qui sont du masculin.

<table>
<tr><td colspan="2">D. Déclinez un nom en υς, génitif υος.</td><td colspan="2">D. Déclinez un nom en ους, génitif οος.</td></tr>
<tr><td colspan="2">R.   SINGULIER.</td><td colspan="2">R.   SINGULIER.</td></tr>
<tr><td>Nom.</td><td>βότρυς, racemus.</td><td>Nom.</td><td>βοῦς, bos.</td></tr>
<tr><td>Gén.</td><td>βότρυος.</td><td>Gén.</td><td>βοός.</td></tr>
<tr><td>Dat.</td><td>βότρυϊ.</td><td>Dat.</td><td>βοΐ.</td></tr>
<tr><td>Acc.</td><td>βότρυν.</td><td>Acc.</td><td>βοῦν.</td></tr>
<tr><td>Voc.</td><td>βότρυ.</td><td>Voc.</td><td>βοῦ.</td></tr>
<tr><td colspan="2">DUEL.</td><td colspan="2">DUEL.</td></tr>
<tr><td>Nom.</td><td>βότρυε.</td><td>Nom.</td><td>βοέ.</td></tr>
<tr><td>Gén.</td><td>βοτρύοιν.</td><td>Gén.</td><td>βοοῖν.</td></tr>
<tr><td colspan="2">PLURIEL.</td><td colspan="2">PLURIEL.</td></tr>
<tr><td>Nom.</td><td>βότρυες ou βότρυς.</td><td>Nom.</td><td>βόες ou βοῦς.</td></tr>
<tr><td>Gén.</td><td>βοτρύων.</td><td>Gén.</td><td>βοῶν.</td></tr>
<tr><td>Dat.</td><td>βότρυσι.</td><td>Dat.</td><td>βουσί.</td></tr>
<tr><td>Acc.</td><td>βότρυας ou βότρυς.</td><td>Acc.</td><td>βόας ou βοῦς.</td></tr>
<tr><td>Voc.</td><td>βότρυες ou βότρυς.</td><td>Voc.</td><td>βόες ou βοῦς.</td></tr>
</table>

SEPTIÈME DÉCLINAISON CONTRACTE.

D. Quels noms contient la septième déclinaison contracte ?

R. La septième déclinaison contracte contient les comparatifs du genre commun en ων et du neutre en ον, génitif ονος. Le commun se contracte à l'accusatif singulier et aux trois cas semblables du pluriel : le neutre seulement aux trois cas semblables du pluriel.

Pour cette contraction on ôte ν de la terminaison. Par exemple : de l'accusatif κακίονα se fait κακίοα, puis la contraction κακίω.

D. Déclinez un commun en ων.	*D. Déclinez un neutre en ον.*
R. SINGULIER.	*R.* SINGULIER.
Nom. κακίων, *pejor.*	Nom. κάκιον, *pejus.*
Gén. κακίονος.	Gén. κακίονος.
Dat. κακίονι.	Dat. κακίονι.
Acc. κακίονα ou κακίω.	Acc. κακίον.
Voc. κάκιον.	Voc. κάκιον.
DUEL.	DUEL.
Nom. κακίονε.	Nom. κακίονε.
Gén. κακιόνοιν.	Gén. κακιόνοιν.
PLURIEL.	PLURIEL.
Nom. κακίονες ou κακίους.	Nom. κακίονα ou κακίω.
Gén. κακιόνων.	Gén. κακιόνων.
Dat. κακίοσι.	Dat. κακίοσι.
Acc. κακίονας ou κακίους.	Acc. κακίονα ou κακίω.
Voc. κακίονες ou κακίους.	Voc. κακίονα ou κακίω.

CHAPITRE II.

DES VERBES CIRCONFLEXES

OU CONTRACTES.

Les verbes circonflexes répondent aux noms con-tractes. Comme les noms contractes sont des noms de la cinquième déclinaison des simples, dont le gé-nitif est en ος pur, de même les verbes circonflexes sont certains verbes de la sixième conjugaison qui souffrent contraction dans quelques unes de leurs terminaisons : et l'on peut conjuguer ces verbes ou sans contraction et avec toutes leurs lettres, comme les barytons, ou avec contraction. Nous avons dit, p. 113, pourquoi ils s'appellent circonflexes.

D. Quels sont les verbes qu'on appelle circon-flexes ?

R. Les verbes qu'on appelle circonflexes sont les verbes de la sixième conjugaison en εω, αω et οω.

D. Combien y a-t-il de conjugaisons de verbes circonflexes ?

R. On distingue trois conjugaisons de verbes cir-conflexes : la première contient les verbes en εω, la seconde les verbes en αω, la troisième les verbes en οω.

D. Dans quels temps ces verbes souffrent-ils contraction ?

R. Les verbes circonflexes ne souffrent contraction qu'au présent et à l'imparfait.

Ces verbes ne peuvent avoir contraction que dans les temps qui ont la figurative du présent, parce qu'ailleurs la terminaison cesse d'être pure. Mais de ces temps il n'y a que le présent et l'imparfait qui puissent avoir quelque difficulté. Car, outre que le futur 2, l'aoriste 2 et le parfait moyen sont rares, ils se forment d'une manière fort simple et fort aisée, comme nous le dirons après que nous aurons conjugué le présent et l'imparfait. Les autres temps se conjuguent comme dans les barytons.

Le présent et l'imparfait étant les mêmes dans le moyen et le passif, nous n'avons ici que deux voix à conjuguer, l'active et la moyenne. Il faut aussi se souvenir qu'il n'y a proprement d'imparfait que dans l'indicatif.

Nous n'exprimons point le duel dans les tables suivantes ; parce qu'il se contracte dans l'actif comme la seconde personne du pluriel, et dans le moyen comme la première et la seconde du pluriel.

12

TABLE DES VERBES CIRCONFLEXES.

VOIX ACTIVE.

I. Conjugaison, έω, έεις.

	SINGULIER.			PLURIEL.		
	1.	2.	3.	1.	2.	3.
Indic. présent.	ῶ,	εῖς,	εῖ :	οῦμεν,	εῖτε,	οῦσι.
Imparfait.	ουν,	εις,	ει :	οῦμεν,	εῖτε,	ουν.
Subjonctif.	ῶ,	ῇς,	ῇ :	ῶμεν,	ῆτε,	ῶσι.
Optatif.	οῖμι,	οῖς,	οῖ :	οῖμεν,	οῖτε,	οῖεν.
Impératif.		ει,	είτω :		εῖτε,	είτωσαν.
Infin. εῖν. Part. ῶν,	οῦσα,	οῦν :	gén. οῦντος, ούσης.			

II. Conjugaison, άω, άεις.

	1.	2.	3.	1.	2.	3.
Indic. présent.	ῶ,	ᾷς,	ᾷ :	ῶμεν,	ᾶτε,	ῶσι.
Imparfait.	ων,	ας,	α :	ῶμεν,	ᾶτε,	ων.
Subjonctif.	ῶ,	ᾷς,	ᾷ :	ῶμεν,	ᾶτε,	ῶσι.
Optatif.	ῷμι,	ῷς,	ῷ :	ῷμεν,	ῷτε,	ῷεν.
Impératif.		α,	άτω :		ᾶτε,	άτωσαν.
Infin. ᾶν. Part. ῶν,	ῶσα,	ῶν :	gén. ῶντος, ώσης.			

III. Conjugaison, όω, όεις.

	1.	2.	3.	1.	2.	3.
Indic. présent.	ῶ,	οῖς,	οῖ :	οῦμεν,	οῦτε,	οῦσι.
Imparfait.	ουν,	ους,	ου :	οῦμεν,	οῦτε,	ουν.
Subjonctif.	ῶ,	οῖς,	οῖ :	ῶμεν,	ῶτε,	ῶσι.
Optatif.	οῖμι,	οῖς,	οῖ :	οῖμεν,	οῖτε,	οῖεν.
Impératif.		ου,	ούτω :		οῦτε,	ούτωσαν.
Infin. οῦν. Part. ῶν,	οῦσα,	οῦν :	gén. οῦντος, ούσης.			

TABLE DES VERBES CIRCONFLEXES.

VOIX MOYENNE ET PASSIVE.

I. CONJUGAISON, ἐομαι, ἐη.

	SINGULIER.			PLURIEL.		
	1.	2.	3.	1.	2.	3.
Ind. prés.	οῦμαι,	ῆ,	εῖται :	ούμεθα,	εῖσθε,	οῦνται.
Imparf.	ούμην,	οῦ,	εῖτο :	ούμεθα,	εῖσθε,	οῦντο.
Subjonct.	ῶμαι,	ῇ,	ῆται :	ώμεθα,	ῆσθε,	ῶνται.
Optatif.	οίμην,	οῖο,	οῖτο :	οίμεθα,	οῖσθε,	οῖντο.
Impérat.		οῦ,	εἴσθω :		εῖσθε,	εἴσθωσαν.
Infinitif.	εῖσθαι.	Part.	ούμενος,	η,	ον.	

II. CONJUGAISON, άομαι, άη.

	1.	2.	3.	1.	2.	3.
Ind. prés.	ῶμαι,	ᾷ,	ᾶται :	ώμεθα,	ᾶσθε,	ῶνται.
Imparf.	ώμην,	ῶ,	ᾶτο :	ώμεθα,	ᾶσθε,	ῶντο.
Subjonct.	ῶμαι,	ᾷ,	ᾶται :	ώμεθα,	ᾶσθε,	ῶνται.
Optatif.	ῴμην,	ῷο,	ῷτο :	ώμεθα,	ῷσθε,	ῷντο.
Impérat.		ῶ,	άσθω :		ᾶσθε,	άσθωσαν.
Infinitif.	ᾶσθαι.	Part.	ώμενος,	η,	ον.	

III. CONJUGAISON, όομαι, όη.

	1.	2.	3.	1.	2.	3.
Ind. prés.	οῦμαι,	οῖ,	οῦται :	ούμεθα,	οῦσθε,	οῦνται.
Imparf.	ούμην,	οῦ,	οῦτο :	ούμεθα,	οῦσθε,	οῦντο.
Subjonct.	ῶμαι,	οῖ,	ῶται :	ώμεθα,	ῶσθε,	ῶνται.
Optatif.	οίμην,	οῖο,	οῖτο :	οίμεθα,	οῖσθε,	οῖντο·
Impérat.		οῦ,	ούσθω :		οῦσθε,	ούσθωσαν.
Infinitif.	οῦσθαι.	Part.	ούμενος,	η,	ον.	

PREMIÈRE CONJUGAISON CIRCONFLEXE.

D. De quelle conjugaison est φιλέω, *amo,
j'aime ?*

R. Φιλέω est de la sixième conjugaison des barytons, et de la première des circonflexes.

<table>
<tr><td>

D. Conjuguez φιλέω *à l'in-
dicatif actif, suivant la table
des barytons.*

R. PRÉSENT.

S. 1. φιλέω, *amo.*
   2. φιλέεις.
   3. φιλέει.
D. 2. φιλέετον.
   3. φιλέετον.
P. 1. φιλέομεν.
   2. φιλέετε.
   3. φιλέουσι.

IMPARFAIT.

S. 1. ἐφίλεον.
   2. ἐφίλεες.
   3. ἐφίλεε.
D. 2. ἐφιλέετον.
   3. ἐφιλεέτην.
P. 1. ἐφιλέομεν.
   2. ἐφιλέετε.
   3. ἐφίλεον.

</td><td>

*D. Conjuguez le même
verbe, suivant la table des
circonflexes.*

R. PRÉSENT.

S. 1. φιλῶ.
   2. φιλεῖς.
   3. φιλεῖ.
D. 2. φιλεῖτον.
   3. φιλεῖτον.
P. 1. φιλοῦμεν.
   2. φιλεῖτε.
   3. φιλοῦσι.

IMPARFAIT.

S. 1. ἐφίλουν.
   2. ἐφίλεις.
   3. ἐφίλει.
D. 2. ἐφιλεῖτον.
   3. ἐφιλείτην.
P. 1. ἐφιλοῦμεν.
   2. ἐφιλεῖτε.
   3. ἐφίλουν.

</td></tr>
</table>

TEMPS SANS CONTRACTION.

Futur. 1. φιλήσω.   Futur 2.   φιλῶ.
Parfait. πεφίληκα.   Pl.-que-parf. ἐπεφιλήκειν.
Aor. 1.   ἐφίλησα.   Aor. 2.   ἔφιλον.

SUBJONCTIF.

S. 1. φιλέω.
   2. φιλέῃς.
   3. φιλέῃ.
D. 2. φιλέητον.
   3. φιλέητον.
P. 1. φιλέωμεν.
   2. φιλέητε.
   3. φιλέωσι.

OPTATIF.

S. 1. φιλέοιμι.
   2. φιλέοις.
   3. φιλέοι.
D. 2. φιλέοιτον.
   3. φιλεοίτην.
P. 1. φιλέοιμεν.
   2. φιλέοιτε.
   3. φιλέοιεν.

IMPÉRATIF.

S. 2. φίλεε.
   3. φιλεέτω.
D. 2. φιλέετον.
   3. φιλεέτων.
P. 2. φιλέετε.
   3. φιλεέτωσαν.

SUBJONCTIF.

S. 1. φιλῶ.
   2. φιλῇς.
   3. φιλῇ.
D. 2. φιλῆτον.
   3. φιλῆτον.
P. 1. φιλῶμεν.
   2. φιλῆτε.
   3. φιλῶσι.

OPTATIF.

S. 1. φιλοῖμι.
   2. φιλοῖς.
   3. φιλοῖ.
D. 2. φιλοῖτον.
   3. φιλοίτην.
P. 1. φιλοῖμεν.
   2. φιλοῖτε.
   3. φιλοῖεν.

IMPÉRATIF.

S. 2. φίλει.
   3. φιλείτω.
D. 2. φιλεῖτον.
   3. φιλείτων.
P. 2. φιλεῖτε.
   3. φιλείτωσαν.

INFINITIF.	INFINITIF.
Prés. et imparf. φιλέειν.	Prés. et imparf. φιλεῖν.

PARTICIPE.		PARTICIPE.	
φιλέων,	ἐόντος.	φιλῶν,	οῦντος.
φιλέουσα,	εούσης.	φιλοῦσα,	ούσης.
φιλέον,	ἐόντος.	φιλοῦν,	οῦντος.

On conjuguera le moyen sur la table, ou par la règle donnée ci-dessus.

D. Comment se fait la contraction dans la première conjugaison ?

R. Dans la première conjugaison εω, la contraction se fait en ôtant partout ε, excepté que de εε on fait ει; et de εο on fait ου.

Pour vous inculquer cette règle, conjuguez le circonflexe, en ayant sous les yeux le baryton : et vous comprendrez que tout ceci est bien plus aisé qu'il ne paraît d'abord. Usez-en ainsi dans les deux conjugaisons suivantes.

SECONDE CONJUGAISON CIRCONFLEXE.

D. De quelle conjugaison est ἀγαπάω, amo, j'aime ?

R. ἀγαπάω est de la sixième conjugaison des barytons, et de la seconde des circonflexes.

D. *Conjuguez* ἀγαπάω *à l'indicatif actif, suivant la table des barytons.*

R. PRÉSENT.

S. 1. ἀγαπάω.
    2. ἀγαπάεις.
    3. ἀγαπάει.
D. 2. ἀγαπάετον.
    3. ἀγαπάετον.
P. 1. ἀγαπάομεν.
    2. ἀγαπάετε.
    3. ἀγαπάουσι.

IMPARFAIT.

S. 1. ἠγάπαον.
    2. ἠγάπαες.
    3. ἠγάπαε.
D. 2. ἠγαπάετον.
    3. ἠγαπαέτην.
P. 1. ἠγαπάομεν.
    2. ἠγαπάετε.
    3. ἠγάπαον.

D. *Conjuguez le même verbe suivant la table des circonflexes.*

R. PRÉSENT.

S. 1. ἀγαπῶ.
    2. ἀγαπᾷς.
    3. ἀγαπᾷ.
D. 2. ἀγαπᾶτον.
    3. ἀγαπᾶτον.
P. 1. ἀγαπῶμεν.
    2. ἀγαπᾶτε.
    3. ἀγαπῶσι.

IMPARFAIT.

S. 1. ἠγάπων.
    2. ἠγάπας.
    3. ἠγάπα.
D. 2. ἠγαπᾶτον.
    3. ἠγαπάτην.
P. 1. ἠγαπῶμεν.
    2. ἠγαπᾶτε.
    3. ἠγάπων.

Le reste peut se conjuguer aisément sur la table.

D. *Comment se fait la contraction dans la seconde conjugaison ?*

R. Dans la seconde conjugaison αω, la contraction ne se fait que de deux manières : en ω et en α. De α devant ο, ω, ου, elle se fait en ω ; partout ailleurs elle se fait en α, auquel on souscrit ι, s'il se rencontre dans la terminaison.

Le futur de *ἀγαπάω* est *ἀγαπήσω*, le parfait, *ἠγά-
πηκα*, comme dans les barytons.

TROISIÈME CONJUGAISON CIRCONFLEXE.

D. De quelle conjugaison est χρυσόω, *inauro, je
dore ?*

R. Χρυσόω est de la sixième conjugaison des barytons, et de la troisième des circonflexes.

D. Conjuguez χρυσόω *à l'indicatif actif, suivant la table des barytons.*	*D. Conjuguez le même verbe suivant la table des circonflexes.*
R. PRÉSENT.	*R.* PRÉSENT.
S. 1. χρυσόω.	S. 1. χρυσῶ.
2. χρυσόεις.	2. χρυσοῖς.
3. χρυσόει.	3. χρυσοῖ.
D. 2. χρυσόετον.	D. 2. χρυσοῦτον.
3. χρυσόετον.	3. χρυσοῦτον.
P. 1. χρυσόομεν.	P. 1. χρυσοῦμεν.
2. χρυσόετε.	2. χρυσοῦτε.
3. χρυσόουσι.	3. χρυσοῦσι.
IMPARFAIT.	IMPARFAIT.
S. 1. ἐχρύσοον.	S. 1. ἐχρύσουν.
2. ἐχρύσοες.	2. ἐχρύσους.
3. ἐχρύσοε.	3. ἐχρύσου.
D. 2. ἐχρυσόετον.	D. 2. ἐχρυσοῦτον.
3. ἐχρυσοέτην.	3. ἐχρυσούτην.
P. 1. ἐχρυσόομεν.	P. 1. ἐχρυσοῦμεν.
2. ἐχρυσόετε.	2. ἐχρυσοῦτε.
3. ἐχρύσοον.	3. ἐχρύσουν.

D. *Comment se fait la contraction dans la troisième conjugaison ?*

R. Dans la troisième conjugaison οω, de ο devant la longue ω, η, on fait ω ; devant la brève ο, ε, ou bien ου, on fait ου : ailleurs ο se trouve devant une diphthongue, et on en fait οι, excepté l'infinitif qui est en ουν. Infinitif χρυσόειν, χρυσοῦν.

Le futur de χρυσόω est χρυσώσω ; le parfait, κεχρύσωκα, comme dans les barytons.

La racine de ce verbe est χρυσὸς, p. 60.

DU FUTUR 2, AORISTE 2, ET PARFAIT MOYEN
DES CIRCONFLEXES.

D. *Comment* φιλέω, *amo, j'aime ;* εὑρέω, *invenio, je trouve ; font-ils à l'aoriste* 2?

R. φιλέω, circonflexe φιλῶ, aoriste 2 ἔφιλον, *amavi ;* εὑρέω, circonflexe εὑρῶ, aoriste 2 εὗρον, *inveni.*

D. *Comment se forme l'aoriste* 2 *des circonflexes ?*

R. L'aoriste 2 des circonflexes se forme du présent, après que la contraction a été faite ; et il en garde la figurative et la pénultième sans aucun changement, prenant seulement l'augment et la terminaison qui lui est propre.

Le futur 2 et le parfait et plus-que-parfait moyen se forment de la même manière, et par conséquent bien plus aisément que dans les barytons. Ainsi

12.

futur 2, φιλῶ, *amabo*, semblable au présent; parfait moyen πέφιλα, *amavi;* plus-que-parfait ἐπεφίλειν, *amaveram.* Mais, comme nous avons déjà dit,
ces temps sont rares dans les verbes circonflexes.

CHAPITRE III.

DES VERBES EN μι.

D. *D'où sont pris les verbes en* μι?

R. Les verbes en μι sont pris des verbes de la
sixième conjugaison terminés en εω, αω, οω, υω.

D. *Combien y a-t-il de conjugaisons de verbes
en* μι?

R. On distingue quatre conjugaisons de verbes
en μι. Les verbes de la première viennent de εω ;
ceux de la seconde, de αω; ceux de la troisième,
de οω; ceux de la quatrième, de υω.

D. *Quels temps ont les verbes en* μι?

R. Les verbes en μι n'ont que le présent, l'imparfait et l'aoriste 2.

Le passif n'a point d'aoriste second : ainsi le présent et l'imparfait du moyen étant les mêmes dans
le passif, nous n'avons encore ici à parler que des
deux voix active et moyenne.

L'aoriste second manque aussi à plusieurs verbes. Les verbes venant de νω n'ont point d'aoriste second, excepté quelques verbes de deux syllabes; ils n'ont point non plus de subjonctif ni d'optatif.

Les autres temps se forment comme dans les barytons.

Les verbes en μι des trois premières conjugaisons ont encore un imparfait mixte, dont nous parlerons dans la suite.

D. *Que faut-il observer dans les verbes en* μι?

R. Il y a trois choses à observer dans les verbes en μι : la *terminaison*, la *figurative* et le *redoublement*.

La terminaison est la même dans les quatre conjugaisons, autant que le permet la figurative. On peut la rapporter à la terminaison des barytons en cette sorte : dans l'actif, elle est presque semblable à celle des aoristes passifs; dans le moyen, elle est toute semblable à celle du parfait et du plus-que-parfait passifs.

La figurative, qui est aussi nommée ici pénultième, est l'une de ces quatre lettres; ε, α, ο, υ; ces lettres se changent, à certaines personnes, en leurs propres longues, savoir : ε et α en η; ο en ω; υ, à ces mêmes personnes, ne se change point, mais il devient long.

Le redoublement n'est autre chose qu'un ι bref ajouté au mot : si le mot commence par une consonne, on répète cette première consonne, ou la tenue pour l'aspirée. Ainsi de δόω se fait δίδωμι, *do ;* de θέω se fait τίθημι, *pono.* δι et τι sont le redoublement ; ω pour ο, η pour ε, sont la figurative ou pénultième ; μι pour ω, est la terminaison.

Si le verbe commençait par une voyelle, ou par πτ, ou στ, on ne répèterait point la première lettre ; on ne mettrait que le ι aspiré pour redoublement : ἕω, ἵημι, *mitto ;* στάω, ἵστημι, *sto.*

Plusieurs verbes n'ont point de redoublement ; et en particulier tous ceux qui viennent de υω, ou qui sont de la quatrième conjugaison.

Le redoublement n'appartient qu'au présent et à l'imparfait ; l'aoriste 2 n'en a point. Mais l'aoriste 2 et l'imparfait ont leur augment comme dans les barytons.

D. *Dans* δίδωμι, *do, qui vient de* δόω, *faites voir la terminaison, la figurative et le redoublement.*

R. Dans δίδωμι, δι est le redoublement, fait de ι et de la première lettre de δόω, δι ; ω long, pour ο bref, est la figurative ou pénultième ; μι pour ω est la terminaison.

De même dans τίθημι de θέω, ἵστημι de στάω ; τι, ι, sont le redoublement ; η pour ε et pour α est la pénultième ; μι pour ω est la terminaison.

Dans les tables nous omettons le duel : il est aisé de le former de la première et de la seconde personne, comme dans les barytons.

Sur l'aoriste 2, il faut remarquer que ce temps

prend la pénultième longue au duel et au pluriel, comme on le verra ci-après, quoique cela ne soit pas distingué dans les tables. Il faut excepter de cette observation ces trois verbes : τίθημι, ἵημι, δί-δωμι, dont l'aoriste 2, au duel et au pluriel, garde la brève de l'imparfait.

Nous mettons ci-après la table des terminaisons des verbes en μι, comme nous avons fait pour les autres verbes.

VOIX ACTIVE.

I. Conjugaison, έω.

	S. 1.	2.	3.	P. 1.	2.	3.
Ind. prés.	ημι,	ης,	ησι :	εμεν,	ετε,	εῖσι.
Imp. aor. 2.	ην,	ης,	η :	θμεν,	ετε,	εσαν.
Subjonctif.	ῶ,	ῆς,	ῆ :	ῶμεν,	ῆτε,	ῶσι.
Optatif.	είην,	είης,	είη :	είημεν,	είητε,	είησαν.

| Impér. | prés. | | εθι, | | | |
| | aor. 2. | | ἐς, | έτω : | ετε, | έτωσαν. |

| Infin. | prés. | έναι. | | Part. εἰς, εῖσα, ἐν : G. έντος. |
| | aor. 2. | εῖναι. | | |

II. Conjugaison, άω.

	S. 1.	2.	3.	P. 1.	2.	3.
Ind. prés.	ημι,	ης,	ησι :	αμεν,	ατε,	ᾶσι.
Imp. aor. 2.	ην,	ης,	η :	αμεν,	ατε,	ασαν.
Subj. prés.	ῶ,	ᾷς,	ᾷ :	ῶμεν,	ᾶτε,	ῶσι.
Aoriste 2.	ῶ,	ῆς,	ῆ :	ῶμεν,	ῆτε,	ῶσι.
Optatif.	αίην,	αίης,	αίη :	αίημεν,	αίητε,	αίησαν.

| Impér. | prés. | | αθι, | άτω : | ατε, | άτωσαν. |
| | aor. 2. | | ῆθι, | ήτω : | ῆτε, | ήτωσαν. |

| Infin. | prés. | άναι, | | Part. ἀς, ᾶσα, ἀν : G. άντος. |
| | aor. 2. | ῆναι, | | |

III. Conjugaison, όω.

	S. 1.	2.	3.	P. 1.	2.	3.
Ind. prés.	ωμι,	ως,	ωσι :	ομεν,	οτε,	οῦσι.
Imp. aor. 2.	ων,	ως,	ω :	ομεν,	οτε,	οσαν.
Subjonctif.	ῶ,	ῷς,	ῷ :	ῶμεν,	ῶτε,	ῶσι.
Optatif.	οίην,	οίης,	οίη :	οίημεν,	οίητε,	οίησαν.

| Impér. | prés. | | οθι, | | | |
| | aor. 2. | | ὀς, | ότω : | οτε, | ότωσαν. |

| Infin. | prés. | όναι. | | Part. οὐς, οῦσα, ὀν : G. όντος. |
| | aor. 2. | οῦναι. | | |

IV. Conjugaison, ύω.

	S. 1.	2.	3.	P. 1.	2.	3.
Ind. prés.	υμι,	υς,	υσι :	υμεν,	υτε,	ῦσι.
Imparfait.	υν,	υς,	υ :	υμεν,	υτε,	υσαν.
Impératif.		υθι,	ύτω :		υτε,	ύτωσαν.
Infinitif.	ύναι,		Part. ὺς, ῦσα, ὺν : G. ύντος.			

VOIX MOYENNE.

I. Conjugaison, έω.

	S. 1.	2.	3.	P. 1.	2.	3.
Ind. prés.	εμαι,	εσαι,	εται :	έμεθα,	εσθε,	ενται.
Imp. aor. 2.	έμην,	εσο,	ετο :	έμεθα,	εσθε,	εντο.
Subjonctif.	ῶμαι,	ῇ,	ῆται :	ώμεθα,	ῆσθε,	ῶνται.
Optatif.	είμην,	εῖο,	εῖτο :	είμεθα,	εῖσθε,	εῖντο.
Impératif.		εσο,	έσθω :		εσθε,	έσθωσαν.
Infinitif.	εσθαι.		Part.	έμενος,	η,	ον.

II. Conjugaison, άω.

	1.	2.	3.	1.	2.	3.
Ind. prés.	αμαι,	ασαι,	αται :	άμεθα,	ασθε,	ανται.
Imp. aor. 2.	άμην,	ασο,	ατο :	άμεθα,	ασθε,	αντο.
Subjonctif.	ῶμαι,	ᾷ,	ᾶται :	ώμεθα,	ᾶσθε,	ῶνται.
Optatif.	αίμην,	αῖο,	αῖτο :	αίμεθα,	αῖσθε,	αῖντο.
Impératif.		ασο,	άσθω :		ασθε,	άσθωσαν.
Infinitif.	ασθαι.		Part.	άμενος,	η,	ον.

III. Conjugaison, όω.

	1.	2.	3.	1.	2.	3.
Ind. prés.	ομαι,	οσαι,	οται :	όμεθα,	οσθε,	ονται.
Imp. aor. 2.	όμην,	οσο,	οτο :	όμεθα,	οσθε,	οντο.
Subjonctif.	ῶμαι,	ῷ,	ῶται :	ώμεθα,	ῶσθε,	ῶνται.
Optatif.	οίμην,	οῖο,	οῖτο :	οίμεθα,	οῖσθε,	οῖντο.
Impératif.		οσο,	όσθω :		οσθε,	όσθωσαν.
Infinitif.	οσθαι.		Part.	όμενος,	η,	ον.

IV. Conjugaison, ύω.

	1.	2.	3.	1.	2.	3.
Ind. prés.	υμαι,	υσαι,	υται :	ύμεθα,	υσθε,	υνται.
Imp. aor. 2.	ύμην,	υσο,	υτο :	ύμεθα,	υσθε,	υντο.
Impératif.		υσο,	ύσθω :		υσθε,	ύσθωσαν
Infinitif.	υσθαι.		Part.	ύμενος,	η,	ον.

PREMIÈRE CONJUGAISON EN μι.

D. *De quelle conjugaison est* τίθημι, *pono, je place, venant de* θέω?

R. τίθημι, *pono*, venant de θέω, est de la première conjugaison des verbes en μι.

D. *Conjuguez* τίθημι *à l'actif.*

R.   INDICATIF.

PRÉSENT.

Sing.	τίθημι,	τίθης,	τίθησι.
Duel.		τίθετον,	τίθετον.
Plur.	τίθεμεν,	τίθετε,	τιθεῖσι.

IMPARFAIT.

Sing.	ἐτίθην,	ἐτίθης,	ἐτίθη.
Duel.		ἐτίθετον,	ἐτιθέτην.
Plur.	ἐτίθεμεν,	ἐτίθετε,	ἐτίθεσαν.

AORISTE 2.

Sing.	ἔθην,	ἔθης,	ἔθη.
Duel.		ἔθετον,	ἐθέτην.
Plur.	ἔθεμεν,	ἔθετε,	ἔθεσαν.

Cet aoriste 2 retient la brève au duel et au pluriel, comme nous avons dit ci-dessus, p. 227.

SUBJONCTIF.

PRÉSENT.

Sing. τιθῶ,   τιθῆς,   τιθῇ.
Duel.   τιθῆτον,   τιθῆτον.
Plur. τιθῶμεν,   τιθῆτε,   τιθῶσι.

AORISTE 2.

Sing. θῶ,   θῆς,   θῇ.
Duel.   θῆτον,   θῆτον.
Plur. θῶμεν,   θῆτε,   θῶσι.

OPTATIF.

PRÉSENT.

Sing. τιθείην,   τιθείης,   τιθείη.
Duel.   τιθείητον,   τιθειήτην.
Plur. τιθείημεν,   τιθείητε,   τιθείησαν.

AORISTE 2.

Sing. θείην,   θείης,   θείη.
Duel.   θείητον,   θειήτην.
Plur. θείημεν,   θείητε,   θείησαν, syncope θεῖεν.

IMPÉRATIF.

PRÉSENT.

Sing. τίθετι,   τιθέτω.
Duel. τίθετον,   τιθέτων.
Plur. τίθετε,   τιθέτωσαν.

Dans ce verbe, l'impératif est en τι, et non en θι, selon la table ; parce qu'il y a déjà une aspirée θ.

AORISTE 2.

Sing.   θὲς et θετι, θέτω.
Duel.   θέτον,   θέτων.
Plur.   θέτε,   θέτωσαν.

INFINITIF.

PRÉSENT. τιθέναι.

AORISTE 2. θεῖναι.

PARTICIPES.

PRÉSENT.

τιθεὶς,   τιθεῖσα,   τιθὲν : Génitif τιθέντος.

AORISTE 2.

θεὶς,   θεῖσα,   θὲν :   Génitif θέντος.

Les autres temps appartiennent aux barytons, comme venant de θέω, qui est inusité au présent : futur 1 θήσω, aoriste 1 ἔθηκα, parfait τέθεικα ; dans l'aoriste 1, la figurative κ, et dans le parfait, la pénultième ει, sont une irrégularité.

D. *Conjuguez* τίθημι *au moyen.*

R.   **INDICATIF.**

PRÉSENT.

Sing.   τίθεμαι,   τίθεσαι,   τίθεται.
Duel.   τιθέμεθον,   τίθεσθον,   τίθεσθον.
Plur.   τιθέμεθα,   τίθεσθε,   τίθενται.

IMPARFAIT.

Sing.	ἐτιθέμην,	ἐτίθεσο,	ἐτίθετο.
Duel.	ἐτιθέμεθον,	ἐτίθεσθον,	ἐτιθέσθην.
Plur.	ἐτιθέμεθα,	ἐτίθεσθε,	ἐτίθεντο.

AORISTE 2.

Sing.	ἐθέμην,	ἔθεσο,	ἔθετο.
Duel.	ἐθέμεθον,	ἔθεσθον,	ἐθέσθην.
Plur.	ἐθέμεθα,	ἔθεσθε,	ἔθεντο.

SUBJONCTIF.

PRÉSENT.

Sing.	τιθῶμαι,	τιθῇ,	τιθῆται.
Duel.	τιθώμεθον,	τιθῆσθον,	τιθῆσθον.
Plur.	τιθώμεθα,	τιθῆσθε,	τιθῶνται.

AORISTE 2.

Sing.	θῶμαι,	θῇ,	θῆται.
Duel.	θώμεθον,	θῆσθον,	θῆσθον.
Plur.	θώμεθα,	θῆσθε,	θῶνται.

OPTATIF.

PRÉSENT.

Sing.	τιθείμην,	τιθεῖο,	τιθεῖτο.
Duel.	τιθείμεθον,	τιθεῖσθον,	τιθείσθην.
Plur.	τιθείμεθα,	τιθεῖσθε,	τιθεῖντο.

AORISTE 2.

Sing.	θείμην,	θεῖο,	θεῖτο.
Duel.	θείμεθον,	θεῖσθον,	θείσθην.
Plur.	θείμεθα,	θεῖσθε,	θεῖντο.

IMPÉRATIF.

PRÉSENT.

Sing.	τίθεσο,	τιθέσθω.
Duel.	τίθεσθον,	τιθέσθων.
Plur.	τίθεσθε,	τιθέσθωσαν.

AORISTE 2.

Sing.	θέσο, vel θοῦ,	θέσθω.
Duel.	θέσθον,	θέσθων.
Plur.	θέσθε,	θέσθωσαν.

INFINITIF.

Présent.   τίθεσθαι.

Aoriste 2.   θέσθαι.

PARTICIPES.

PRÉSENT.

τιθέμενος,   τιθεμένη,   τιθέμενον.

AORISTE 2.

θέμενος,   θεμένη,   θέμενον.

DEUXIÈME CONJUGAISON EN μι.

D. De quelle conjugaison est ἵστημι, *statuo, j'é-
tablis, venant de* στάω?

R. ἵστημι, venant de στάω, est de la seconde conjugaison des verbes en μι.

D. *Conjuguez* ἵστημι *à l'actif.*

R. **INDICATIF.**

PRÉSENT.

Sing.	ἵστημι,	ἵστης,	ἵστησι, *statuo, colloco.*
Duel.		ἵστατον,	ἵστατον.
Plur.	ἵσταμεν,	ἵστατε,	ἱστᾶσι.

IMPARFAIT.

Sing.	ἵστην,	ἵστης,	ἵστη.
Duel.		ἵστατον,	ἱστάτην.
Plur.	ἵσταμεν,	ἵστατε,	ἵστασαν.

AORISTE 2.

Sing.	ἔστην,	ἔστης,	ἔστη.
Duel.		ἔστητον,	ἐστήτην.
Plur.	ἔστημεν,	ἔστητε,	ἔστησαν.

Remarquez : 1° que dans ce verbe, l'imparfait n'a point d'augment, parce que la première lettre est une immuable; 2° que l'aoriste a son augment accoutumé, parce qu'il n'a pas l'immuable, qui n'est qu'un redoublement; 3° que l'aoriste garde sa longue au duel et au pluriel; comme nous l'avons dit, page 226.

Il est aisé de conjuguer le reste de ce verbe sur la table, et sur le modèle du verbe précédent.

Subj. prés.   ἱστῶ,   Aor. 2. στῶ, etc.

Optatif prés.   ἱσταίην,   Aor. 2. σταίην, etc.

Impér. prés.   ἵσταθι,   Aor. 2. στῆθι, etc.

Infinitif prés.   ἱστάναι,   Aor. 2. στῆναι, etc.

Partic. prés.	ἱστὰς,	Aor. 2.	στὰς, etc.
Imparfait.	ἱστάμην,	Aor. 2.	ἐστάμην, etc.

D. *Conjuguez* ἵστημι *au moyen.*

R. Indicatif présent, ἵσταμαι, etc.

Subj. prés.	ἱστῶμαι,	Aor. 2.	στῶμαι, etc.
Optatif prés.	ἱσταίμην,	Aor. 2.	σταίμην, etc.
Impér. prés.	ἵστασο,	Aor. 2.	στάσο, etc.
Infinitif prés.	ἵστασθαι,	Aor. 2.	στάσθαι, etc.
Partic. prés.	ἱστάμενος,	Aor. 2.	στάμενος, etc.

Les autres temps sont barytons, venant de l'inusité στάω : futur 1 στήσω, aoriste 1 ἔστησα, parfait ἔστηκα ou ἔστακα, prenant au parfait l'esprit rude du présent ἵστημι.

TROISIÈME CONJUGAISON EN μι.

D. *De quelle conjugaison est* δίδωμι, *do, je donne, venant de* δόω?

R. δίδωμι, venant de δόω, est de la troisième conjugaison.

D. *Conjuguez* δίδωμι *à l'actif.*

R. Indicatif présent, δίδωμι, etc.

Imparfait.	ἐδίδων,	Aor. 2.	ἔδων, etc.
Subj. prés.	διδῶ,	Aor. 2.	δῶ, etc.
Optatif prés.	διδοίην,	Aor. 2.	δοίην, etc.
Impér. prés.	δίδοθι,	Aor. 2.	δὸς, etc.
Infinitif prés.	διδόναι,	Aor. 2.	δοῦναι, etc.
Partic. prés.	διδοὺς,	Aor. 2.	δοὺς, etc.

D. *Conjuguez* δίδομαι *au moyen.*

R. Indicatif présent, δίδομαι, etc.

Imparfait.	ἐδιδόμην,	Aor.	2.	ἐδόμην, etc.
Subj. prés.	διδῶμαι,	Aor.	2.	δῶμαι, etc.
Optatif prés.	διδοίμην,	Aor.	2.	δοίμην, etc.
Impér. prés.	δίδοσο,	Aor.	2.	δόσο, etc.
Infinitif prés.	δίδοσθαι,	Aor.	2.	δόσθαι, etc.
Partic. prés.	διδόμενος,	Aor.	2.	δόμενος, etc.

Les autres temps sont barytons, venant de l'inusité δόω : futur 1 δώσω, aoriste 1 ἔδωκα, κ figurative irrégulière, parfait δέδωκα.

QUATRIÈME CONJUGAISON EN μι.

D. *De quelle conjugaison est* ζεύγνυμι, *venant de* ζευγνύω, jungo, *je joins ?*

R. ζεύγνυμι, venant de ζευγνύω, est de la quatrième conjugaison.

D. *Conjuguez l'actif* ζεύγνυμι.

Prononcez *dzeugnumi*, *u* long.

R.　　　　　INDICATIF.

Présent. ζεύγνυμι, etc.　　Imparfait. ἐζεύγνυν, etc.
Impér. ζεύγνυθι, etc.　　Infinitif. ζευγνύναι, etc.
Partic. ζευγνὺς, etc.

D. *Conjuguez le moyen* ζεύγνυμαι.

Prononcez *dzeugnumaí*, *u* bref.

R.   INDICATIF.

Présent.   ζεύγνυμαι, etc. Imparf. ἐζευγνύμην, etc.
Impér. prés. ζεύγνυσο, etc. Infinit. ζεύγνυσθαι, etc.
Participe.   ζευγνύμενος, etc.

Les verbes de la quatrième conjugaison, comme nous l'avons déjà dit, n'ont ni subjonctif ni optatif; ces deux modes se forment comme dans les barytons : ζευγνύω, ζευγνύοιμι. Ils n'ont point aussi de redoublement, ni d'aoriste 2. Les dissyllabes qui ont un aoriste 2, l'ont semblable à l'imparfait; car dans les autres conjugaisons, ces deux temps ne diffèrent que par le redoublement.

Les autres temps barytons de ζευγνύω se forment de l'inusité ζεύγω; futur 1 ζεύξω, aoriste 1 ἔζευξα, parfait ἔζευχα.

DE L'IMPARFAIT MIXTE

DES VERBES EN μι.

D. Qu'est-ce que l'imparfait mixte des verbes en μι?

R. L'imparfait mixte des verbes en μι est un imparfait composé de la forme des verbes en μι, dont il a le redoublement, et de la forme des verbes circonflexes, dont il a la terminaison.

D. Donnez des exemples de l'imparfait mixte.

R. τίθημι, Imparf. ἐτίθουν, ἐτίθεις, ἐτίθει, etc.
    ἵστημι, Imparf. ἵστων, ἵστας, ἵστα, etc.
    δίδωμι, Imparf. ἐδίδουν, ἐδίδους, ἐδίδου, etc.

L'imparfait ἐτίθουν se fait comme s'il venait de τιθέω ; τι est le redoublement, comme dans les verbes en μι ; ουν est la terminaison, comme dans les verbes circonflexes de la première conjugaison ; ε est l'augment de l'imparfait. De même ἵστων : ι redoublement, ων terminaison des circonflexes de la seconde conjugaison, comme s'il venait de ἱστάω. Ἐδίδουν : δι redoublement, ουν terminaison des circonflexes de la troisième conjugaison, comme s'il venait de διδόω.

On trouve même ces verbes au présent, comme τιθεῖ, *ponit*, et au futur 1, comme διδώσω, *dabo*, etc.

Il y a dans les verbes en μι beaucoup d'irrégularités, qui s'apprendront aisément par l'usage. Nous ajouterons seulement ici six irréguliers dont l'usage est plus fréquent. Trois viennent de ἔω, et trois de ἕω. Ces verbes n'ont pas tous les temps : ainsi il suffit de savoir les temps que nous allons marquer, sans s'embarrasser des autres, qui sont ou rares ou inusités. Nous omettons le duel : on sait assez comment il se forme du pluriel.

VERBES EN μι, VENANT DE ἔω.

I.

D. *Conjuguez* εἰμὶ, *sum.*

R. Actif. *S.* 1. 2. 3. *P.* 1. 2. 3.

1. Ind. prés. εἰμὶ, εἶς et εἶ, ἐστὶ : ἐσμὲν, ἐστὲ, εἰσί.
2. Imparf. ἦν, ἦς, ἦ et ἦν : ἦμεν, ἦτε, ἦσαν.
3. Subjonct. ὦ, ἦς, ἦ : ὦμεν, ἦτε, ὦσι.

Optatif.   εἴην, εἴης,   εἴη : εἴημεν, εἴητε, εἴησαν.
Impérat.   ἴσθι,   ἔστω :   ἔστε, ἔστωσαν.
Infinitif.   εἶναι. Part. ὢν, οὖσα, ὂν : G. ὄντος, οὔσης.

Moyen. *Fueram, ero.*

Ind. Imp. ἤμην, ἦσο,   ἦτο : ἤμεθα, ἦσθε, ἦντο.
Impérat. ἔσο, *esto.*

Les autres temps appartiennent aux barytons.
Ce sont des futurs 1 de la voix moyenne, comme
venant de ἔω, dont le futur 1 actif serait ἔσω.

Indic. fut. 1. ἔσομαι,   ἔσῃ,   ἔσεται, etc., *ero.*
Optat. fut. 1. ἐσοίμην,   ἔσοιο,   ἔσοιτο, etc., *sim.*
Infin. fut. 1. ἔσεσθαι, *fore, futurum esse.*
Part. fut. 1. ἐσόμενος, η, ον, *futurus, a, um.*

II.

D. *Conjuguez* εἶμι, *eo, vado.*
R. Actif.

Indic. prés. εἶμι,   εἶς et εἶ, εἶσι : ἴμεν, ἴτε, εἶσι.
Imparfait.   εἶν,   εἶς,   εἶ : ἴμεν, ἴτε, ἴσαν.
Impér. prés.   ἴθι,   ἴτω :   ἴτε, ἴτωσαν.
Infinitif.   ἴναι, εἶναι et ἰέναι.

Les autres temps appartiennent aux barytons,
comme venant de εἴω, l'aoriste 2 rejetant le ε.
Ind. parf. εἶκα et ἦκα. Plus-q. εἴκειν et ἤκειν, etc.
Aor. 1, εἶσα. Aor. 2, ἴον, ἴες, ἴε : ἴομεν, ἴετε, ἴον.
Sub. Aor. 2, ἴω, ἴης, etc. Opt. Aor. 2, ἴοιμι, ἴοις, etc.

Imp. Prés. εἷ pour ἕε. Aor. 2 ἵε, ἱέτω; ἵετε, ἱέτωσαν.

Part. Aor. 2 ἰὼν, ἰοῦσα, ἰόν. Gén. ἰόντος, ἰούσης.

Moyen.

Indicat. Parf. εἷα et ἦα. Plus-q. ἤειν. Futur 1 εἴσομαι, εἴσῃ, etc.

Quelques autres temps formés de ceux-ci sont réguliers.

III.

On dit encore ἵημι, *eo, vado.* Ce verbe n'est usité que dans peu de personnes, et se conjugue comme le suivant ἵημι, *mitto,* dont il ne diffère que par l'esprit.

VERBES EN μι, VENANT DE ἕω.

I.

D. *Conjuguez* ἵημι, *mitto, j'envoie.*

R. Actif. *S.* 1. 2. 3. *P.* 1, 2. 3.
Ind. prés. ἵημι, ἵης, ἵησι : ἵεμεν, ἵετε, ἱεῖσι.
Imparf. ἵην, ἵης, ἵη : ἵεμεν, ἵετε, ἵεσαν.
Aoriste 2. ἦν, ἧς, ἦ : ἕμεν, ἕτε, ἕσαν.

Il a encore l'imparfait mixte ἵουν, comme venant de ἱέω; et le baryton, εἷον, εἷες, changeant ε en ει pour l'augment.

Subj. ἱῶ, ἱῆς. A. 2 ὦ, ἧς. Opt. ἱείην. A. 2 εἵην, etc.

Imp. ἵεθι. Aor. 2 ἕς, etc. Infin. ἱέναι. Aor. 2 εἷναι.

Part. ἱεὶς, Gén. ἱέντος. Aor. 2 εἵς, Gén. ἕντος.

Moyen : *Mittor, eo, cupio.*

Ind. Prés. ἵεμαι, ἵεσαι. Imp. ἱέμην. A. 2 ἕμην, etc.

Subj. ἱῶμαι. A. 2 ὧμαι. Opt. ἱείμην. A. 2 εἵμην, etc.

Impér. ἵεσο. A. 2 ἕσο, etc. Infin. ἵεσθαι. A. 2 ἕσθαι.

Part. ἱέμενος. Aor. 2 ἕμενος, η, ον.

Les autres temps appartiennent aux barytons. Actif, Indic. Aor. 1, ἧκα. C'est le troisième verbe, avec τίθημι et δίδωμι, qui ait à l'aor. 1 la figurative du parfait κ.

Parfait εἷκα. Plus-q. εἵκειν. Fut. 1 ἥσω.

Moyen, Fut. 3 εἵσομαι. Aor. 1 ἡκάμην.

Et ainsi dans les autres modes : ces temps se formant régulièrement, comme s'ils venaient de ἕω.

II.

Le verbe εἷμαι, *indutus sum, je suis revêtu,* n'est proprement qu'un parfait passif du précédent; εἷμαι, εἷσαι, etc., la troisième du pluriel εἵαται selon les Ioniens.

Plus-que-parfait εἵμην, εἷσο, etc.; la troisième personne du pluriel εἵατο.

Les autres temps sont barytons. Actif, Indicat., Fut. 1, ἕσω. Aor. 1 εἷσα. Infinitif Aor. 1 εἷσαι. Moyen, Aor. 1 εἱσάμην et ἑσσάμην. Part., Aor. 1 ἑσσάμενος.

Le présent actif est ἐννύω et ἕννυμι, *induo.*

III.

Le verbe ἧμαι, *sedeo, sedi,* n'est encore, à proprement parler, qu'un parfait passif de ἕω, ἧμαι, ἧσαι, etc. Plus-q. ἤμην, ἧσο, etc. Impérat. ἧσο, ἧσθω, etc. Infin. ἧσθαι. Part. ἥμενος, η, ον.

CHAPITRE IV.

DES VERBES DÉFECTIFS,

ou

DE L'INVESTIGATION DU THÈME.

On appelle ici *Thème*, la première personne usitée dans un verbe. Ainsi τύπτω est le thème de ce verbe.

L'investigation du thème est l'art de chercher, de trouver, d'assigner le thème d'un verbe. Par exemple, vous trouvez en latin *tuli*; il faut savoir qu'il vient de *fero*; que *gavisus* vient de *gaudeo*, etc.

La difficulté de trouver le thème en grec, vient de ce que plusieurs verbes n'étant usités qu'au présent et à certains autres temps, ils empruntent les temps qui leur manquent d'autres verbes qui ne sont pas usités au présent. C'est ainsi qu'en latin *floresco*, emprunte son prétérit *florui* de *floreo*. Il est vrai que *floreo* est usité au présent; mais *sene-*

sco emprunte de même son prétérit *senui* de *se-*
neo, qui n'est point usité.

Les verbes défectifs ou irréguliers sont donc
ceux dont le thème n'est pas aisé à trouver. Nous
allons les donner suivant l'ordre des conjugaisons.

VERBES DÉFECTIFS

DANS LA PREMIÈRE CONJUGAISON.

D. *De quel verbe inusité* πίπτω *prend-il ses*
temps ?

R. πίπτω, *cado, je tombe;* futur 1 πτώσω, parfait πέπτωκα, de πτόω; aoriste 1 ἔπεσα, de πέω;
aoriste 2 ἔπεσον, de πεσέω.

DANS LA DEUXIÈME CONJUGAISON.

D. *D'où prennent leurs temps les verbes en*
σκω ?

R. Les verbes en σκω prennent ordinairement
leurs temps d'un verbe en ω pur.

	Présent.	Futur 1.	Inusités.
ἀρέσκω,	placeo, *je plais;*	ἀρέσω;	de ἀρέω.
εὑρίσκω,	invenio, *je trouve;*	εὑρήσω;	de εὑρέω.
βλώσκω,	advenio, *j'arrive;*	βλώσω;	de βλόω.
βρώσκω,	comedo, *je mange;*	βρώσω;	de βρόω.
τιτρώσκω,	vulnero, *je blesse;*	τιτρώσω;	de τιτρόω.
ἁλίσκω,	capio, *je prends;*	ἁλώσω;	de ἁλόω.
γινώσκω,	cognosco, *je connais;*	γνώσω;	de γνόω.

Le prétérit et les autres temps se forment de

l'inusité, comme dans la sixième conjugaison : parfait ἤρεκα; aoriste 1 ἤρεσα, *placui*, etc.

D'autres forment leurs temps comme s'ils étaient
en κω sans σ : Διδάσκω, *disco, j'apprends;* διδάξω,
de διδάκω.

Le prétérit est en χα, comme dans la seconde
conjugaison.

D. *D'où* θνήσκω *prend-il ses temps?*

R. θνήσκω, *morior, je meurs*, prend de θνήκω le
futur 1 θνήξω, au moyen θνήξομαι; de θνάω, le futur 1 θνήσω; et de θείνω, l'aoriste 2 ἔθανον, et le futur 2 moyen θανοῦμαι.

Voyez ce qui a été dit de la pénultième de l'aoriste 2, p. 141.

D. *D'où* πάσχω *prend-il ses temps?*

R. πάσχω, *patior, je souffre*, prend de παθέω le
parfait actif πεπάθηκα : et de πήθω, l'aoriste 2 ἔπα-
θον; le futur 1 moyen πείσομαι, irrégulier, au lieu
de πήσομαι; et le parfait moyen πέπονθα, en insérant
ν, et en changeant η en ο : double irrégularité.

Nous avons annoncé ces irrégularités du parfait
moyen, page 146.

D. *D'où prend ses temps* ἔρχομαι?

R. ἔρχομαι, *venio, je viens*, prend ses temps de
ἐλεύθω : aoriste 2 ἤλυθον, et par syncope ἦλθον; impératif ἐλθέ, part. ἐλθών : futur 1 moyen ἐλεύσομαι.

D. *D'où prend ses temps* τίκτω?

R. τίκτω, *pario, j'enfante*, prend ses temps de
τέκω : futur 1 τέξω, parfait τέτεχα, aoriste 2 ἔτεκον,
parfait moyen τέτοκα.

DANS LA TROISIÈME CONJUGAISON.

D. *Qu'y a-t-il d'irrégulier dans* εἴδω, *video?*

R. εἴδω, *video, je vois*, perd quelquefois ε : aoriste 2 εἶδον et ἴδον; au moyen, futur 1 εἴσομαι et ἴσομαι, aoriste 1 εἰσάμην, parfait οἶδα.

Πέτομαι, *volo, volas, je vole;* moyen de la troisième conjugaison. On dit aussi πετάομαι, moyen ou passif de πετάω, *extendor, volo, volas*, et πέταμαι, moyen ou passif de la seconde conjugaison des verbes en μι.

DANS LA QUATRIÈME CONJUGAISON.

D. *Qu'y a-t-il d'irrégulier dans* πλάζω, *errare facio, et* κλάζω, *clango ?*

R. πλάζω, *errare facio, je fais errer*, et κλάζω, *clango, je fais retentir*, prennent un γ, comme s'il y avait au présent πλάγγω et κλάγγω : futur 1 πλάγξω, κλάγξω, parfait πέπλαγχα, κέκλαγχα.

D. *D'où prend ses temps* ὄζω?

R. ὄζω, *oleo, je sens*, prend ses temps de ὀζέω : futur 1 ὀζέσω et ὀζήσω, parfait ὄζηκα; parfait moyen ὦδα.

Voyez ce qui a été dit de la figurative, pag. 135, exception 4.

D. *Qu'y a-t-il d'irrégulier dans* ῥέζω, *facio?*

R. ῥέζω, *facio, je fais*, est régulier : futur 1 ῥέξω, parfait ἔρρεχα, aoriste 1 ἔρρεξα; mais on use souvent de métathèse ou de transposition : présent ἔρδω,

changeant ζ en δ, futur 1 ἔρξω, parfait moyen ἔορ-
γα, au lieu de ἔρρογα, plus-que-parfait ἐώργειν.

DANS LA CINQUIÈME CONJUGAISON.

*D. Comment forment leurs temps les verbes ir-
réguliers en λω?*

R. Les défectifs en λω, forment leurs temps
comme s'ils étaient en λεω.

Βάλλω, *jacio, je jette,* futur 1 régulier βαλῶ;
parfait βέϐληκα, syncope, pour βεϐάληκα, comme s'il
venait de βαλέω; parfait moyen βέϐολα, comme s'il
venait de βέλω.

Ἐθέλω ou θέλω, *volo, vis, je veux,* futur 1 θε-
λήσω, parfait τεθέληκα, comme venant de θελέω.

Ὀφείλω, *debeo, je dois,* futur 1 ὀφειλήσω, parfait
ὠφείληκα, comme de ὀφειλέω.

Βούλομαι, *volo, je veux,* verbe moyen, futur 1
βουλήσομαι, comme de βουλέομαι.

*D. Comment les défectifs en νω forment-ils
leurs temps?*

R. La plupart des défectifs en νω empruntent
leurs temps d'un verbe en ω pur.

Présent.		Futur 1.	Inusités.
ἁμαρτάνω,	pecco, *je pèche;*	ἁμαρτήσω :	de ἁμαρτέω.
βλαστάνω,	germino, *je germe;*	βλαστήσω :	de βλαστέω.
δαρθάνω,	dormio, *je dors;*	δαρθήσω :	de δαρθέω.
μανθάνω,	disco, *j'apprends;*	μαθήσω :	de μαθέω.
βαίνω,	eo, *je vais;*	βήσω :	de βάω.
ἐλαύνω,	pello, *je chasse;*	ἐλάσω :	de ἐλάω.

φθάνω, anteverto, *je devance;* φθάσω : de φθάω.
δύνω, subeo, *je vais dessous;* δύσω : de δύω.
πίνω, bibo, *je bois;* πώσω : de πόω.

Πίνω a aussi de πίω, l'aoriste 2 ἔπιον, et le futur 2 moyen πιοῦμαι.

Le prétérit de ces verbes, et les autres temps se forment de l'inusité, comme dans la sixième conjugaison.

Μένω, *maneo, je demeure,* futur 1 μενῶ; parfait μεμένηκα, comme de μενέω.

Les verbes moyens ou passifs forment leurs temps de la même manière.

Αἰσθάνομαι, *sentio, je sens,* futur αἰσθήσομαι, de αἰσθέομαι.

Γείνομαι, ou γίνομαι, ou γίγνομαι, *gignor, je suis engendré; fio, je deviens; sum, je suis*; prennent leurs temps de γενέομαι : futur 1 moyen γενήσομαι, aoriste 2 ἐγενόμην, aoriste 1 passif ἐγενήθην. Γείνομαι prend de soi le parfait moyen γέγονα : car feignez un actif γείνω, il fera au futur 2 γενῶ, page 140, et prenant la pénultième de ce futur 1 qu'il change en o au parfait moyen, il fera γέγονα.

D. D'où prennent leurs temps les autres défectifs en νω ?

R. Les autres défectifs en νω prennent leurs temps de différents verbes.

Présent.	Inusités. Fut. 1. Parf.
δάκνω, mordeo, *je mords;*	de δήκω: δήξω, χα.
λαγχάνω, sortior, *je tire au sort;*	de λήχω: λήξω, χα.
λαμβάνω, capio, *je prends;*	de λήβω: λήψω, φα.

Aoriste 2 ἔλαβον, aoriste 1 passif ἐλήφθην, etc., comme dans la première conjugaison des barytons. Nous avons parlé de ce verbe à la pag. 142.

Τυγχάνω, *assequor*, *j'atteins*, de τεύχω, futur 2 τυχῶ ; aoriste 2 ἔτυχον, futur 1 moyen τεύξομαι ; et de τυχέω, le parfait τετύχηκα.

D. *D'où prend ses temps* φέρω ?

R. φέρω, *fero*, *je porte*, prend de οἴω le futur οἴσω ; de ἐνέγκω, l'aoriste 2 ἤνεγκον, l'aoriste 1 ἤνεγκα, avec κ, figurative du présent.

DANS LA SIXIÈME CONJUGAISON.

D. *Comment forment leurs temps les verbes en* νύω *et* νυμι ?

R. Les vérbes en νυω, ννυω, νυμι, ννυμι, forment leurs temps comme s'ils n'avaient qu'un ω au lieu de ces syllabes.

Présent.		Fut. 1.	Inusités.
δεικνύω,	ostendo, *je montre* ;	δείξω :	de δείκω.
ζευγνύω,	jungo, *je joins* ;	ζεύξω :	de ζεύγω.
ζωννύω,	cingo, *je ceins* ;	ζώσω :	de ζόω.
ῥωννύω,	roboro, *je fortifie* ;	ῥώσω :	de ῥόω.
σβεννύω,	extinguo, *j'éteins* ;	σβέσω :	de σβέω.
ὀμόργνυμι,	abstergo, *j'essuie* ;	ὀμόρξω :	de ὀμόργω.

Du futur en ξω, le parfait est en χα ; et du futur en σω, le parfait est en κα.

Mais ὄμνυμι et ὀμνύω, *juro*, *je jure*, futur ὀμόσω, de ὀμόω.

Πηγνύω, *compingo, je joins ensemble*, fut. πήξω, de πήσσω, qui est aussi usité.

De même, φορύω, φορύνω et φορύσσω, *pinso, je broie*, futur 1 φορύξω, de φορύσσω.

Il y a assez peu d'autres défectifs dans cette sixième conjugaison.

Δοκέω, *videor, je parais; existimo, je pense*, futur 1 δοκήσω, et δόξω, comme venant de δόκω; parfait passif δέδογμαι.

Ἱκνέομαι, verbe moyen, *venio, je viens; supplico, je supplie;* futur 1 ἵξομαι, comme venant de ἵκομαι. Parfait passif ἵγμαι, *veni*.

Αἱρέω, *capio, je prends; eligo, je choisis*, fut. 1 αἱρήσω, parfait ᾕρηκα. Il prend de l'inusité ἕλω, le futur ἑλῶ, et l'aoriste 2 εἷλον, avec l'augment ει.

Καλέω, futur 1 καλέσω, parfait κέκληκα, par syncope, pour κεκάληκα.

De même, δαμάω, *domo, je dompte*, futur δαμάσω, parfait δέδμηκα, par syncope, pour δεδάμηκα.

Φάω, *luceo, je brille*, peu usité; *dico, je dis*, d'où se fait φημὶ de la seconde conjugaison en μι : il signifie aussi *interficio*, usité seulement au passif, *interfici, mori*.

DÉFECTIFS EN μι.

Nous avons déjà parlé ci-dessus des verbes en νυμι, en parlant des verbes en νυω; et plus haut des verbes en μι, venant de ἔω et ἕω.

Ὄλλυμι et ὀλλύω, *perdo, je perds*, prennent leurs temps de l'inusité ὀλέω : futur ὀλέσω, parfait ὤλεκα, aoriste 2 ὦλον, parfait moyen ὦλα, attique ὄλωλα, en répétant les deux premières lettres.

Ἴσημι, *scio, je sais*, formé de ἰσάω, n'est irrégulier qu'en ce qu'il prend un τ au moyen ἴσταμαι.

Ὄνημι, *prosum, je sers; vitupero, je blâme;* formé de ὀνάω, est régulier : futur ὀνήσω, parfait ὤνηκα.

Les deux suivants sont des moyens de la seconde conjugaison en μι :

δύναμαι, *possum, je peux*, de δυνάω, futur δυνήσομαι.

ἵπταμαι, *volo, as, je vole;* de πτάω, futur πτήσομαι.

Les quatre suivants ne sont usités qu'au présent et à l'imparfait : ce sont aussi des moyens, deux de la seconde et deux de la quatrième conjugaison des verbes en μι :

μάρναμαι, pugno, *je combats.*
πρίαμαι, emo, *j'achète.*
αἴνυμαι, capio, *je prends.*
ἄρνυμαι, consequor, *j'obtiens.*

Κεῖμαι, *jaceo, je suis couché*, est un moyen en μι formé irrégulièrement de κείω, seconde personne κεῖσαι, troisième κεῖται, etc., gardant partout la diphthongue ει; futur 1 κείσομαι.

RACINES GRECQUES.

DÉCLINAISONS CONTRACTES.

I. DÉCLINAISON CONTRACTE.

ης, masculin, féminin, commun ; ες, ος, neutre.

Génitif εος ou bien ους.

ης, commun.

Ἀκριϐὴς,	accuratus,	*exact.*
ἀσελγὴς,	petulans,	*pétulant.*
ἀφελὴς,	simplex,	*simple.*
δαψιλὴς,	copiosus,	*abondant.*
ἐναργὴς,	clarus,	*clair.*
ἐπιτηδὴς,	idoneus,	*propre.*
ἠνεκὴς,	perennis,	*perpétuel.*
λιπαρὴς,	assiduus,	*assidu.*
νωθὴς,	piger,	*paresseux.*
πρηνὴς,	pronus,	*penchant, enclin.*
σαφὴς,	manifestus,	*manifeste.*
ὑγιὴς,	sanus,	*sain.*

ος, neutre.

ἄγγος,	vas,	*un vase.*
ἄγκος,	vallis,	*la vallée.*
ἄγος,	veneratio,	*le respect.*
αἶσχος,	turpitudo,	*l'infamie.*
ἄλγος,	dolor,	*la douleur.*

ἄλσος,	lucus,	bois sacré.
ἄνθος,	flos,	la fleur.
ἄχθος,	onus,	le fardeau.
ἄχος,	dolor,	la douleur.
βάθος,	profundum,	gouffre, abîme.
βάρος,	pondus,	le poids.
βέλος,	telum,	dard, trait.
βρέφος,	infans,	l'enfant.
γάνος,	lætitia,	la joie.
δάνος,	donum,	don, présent.
ἔγχος,	hasta,	la pique.
ἔθνος,	gens,	la nation.
ἔθος,	mos,	la coutume.
εἶρος,	lana,	la laine.
ἔλεος,	misericordia,	la compassion.
ἕλκος,	ulcus,	l'ulcère.
ἕλος,	palus,	le marais.
ἔρευθος,	rubor,	la rougeur.
ἔρνος,	planta,	une plante.
ἔτος,	annus,	l'année.
ἔχθος,	odium,	la haine.
ἦθος,	indoles,	le naturel.
θάμβος,	stupor,	l'engourdissement.
θάρσος,	audacia,	l'audace.
θέρος,	æstas,	l'été.
ἰδος,	sudor,	la sueur.
ἴχνος,	vestigium,	le vestige.
κέρδος,	lucrum,	le profit.
κῆδος,	cura,	le soin.
κράτος,	robur,	la force.
κρύος,	frigus,	le froid.
κτῆνος,	jumentum,	bête de charge.

κῦδος,	decus,	*l'honneur.*
κῦρος,	dominium,	*la propriété.*
κύτος,	cavitas,	*la cavité.*
λίπος,	pinguedo,	*la graisse.*
μέλος,	membrum,	*le membre.*
μένος,	animus,	*l'âme, le courage.*
μῆδος,	cura,	*le soin.*
μῆκος,	longitudo,	*la longueur.*
μῖσος,	odium,	*la haine.*
μῦσος,	scelus,	*le crime.*
νάπος,	clivus,	*la colline.*
νεῖκος,	rixa,	*la querelle.*
νέφος,	nubes,	*le nuage.*
ξίφος,	gladius,	*l'épée.*
ὄνειδος,	probrum,	*le déshonneur.*
ὄρος,	mons,	*la montagne.*
πέλαγος,	pelagus,	*la pleine mer.*
πένθος,	luctus,	*l'affliction.*
ῥῖγος,	frigus,	*le froid.*
σκέλος,	crus,	*la jambe.*
σκεῦος,	vas,	*le vase.*
σκύτος,	corium,	*le cuir.*
σπέος,	specus,	*la grotte.*
στῆθος,	pectus,	*la poitrine.*
στρῆνος,	luxus,	*le luxe.*
τάρβος,	terror,	*la terreur.*
τεῖχος,	murus,	*la muraille.*
τέλος,	finis,	*la fin.*
ὕψος,	altitudo,	*la hauteur.*
φᾶρος,	pallium,	*le manteau.*
φέγγος,	lumen,	*la lumière.*
χεῖλος,	labrum,	*la lèvre.*

II. DÉCLINAISON CONTRACTE.

ις masc. fém. comm. ι neutre. Génitif εος, εως, ιος.
υς masc. fém, comm. υ neutre. Génitif εος.

ις, masculin.

Θέσπις,	vates,	*prophète, devin.*
μάντις,	vates,	*prophète, devin.*
ὄφις,	serpens,	*le serpent.*
πρύτανις,	præfectus,	*préfet, président.*

ις, féminin.

ἄγυρις,	cœtus,	*l'assemblée.*
κόνις,	pulvis,	*la poussière.*
πόλις,	urbs,	*la ville.*
ὕβρις,	contumelia,	*l'affront, l'outrage.*

ις, commun.

λάτρις,	servus,	*le serviteur.*
νῆστις,	jejunus,	*qui est à jeun.*
ὄϊς,	ovis, aries,	*la brebis, le bélier.*

ι, neutre.

κόμμι,	gummi,	*la gomme.*
σίνηπι,	sinapi,	*la moutarde.*

υς, génitif εος.

masculin.

πέλεκυς,	securis,	*la coignée, la hache.*
πῆχυς,	cubitus,	*le coude.*

féminin.

γῆρυς,	vox,	*la voix.*

υ neutre.

ἄστυ,	urbs,	*la ville.*

III. DÉCLINAISON CONTRACTE.

ευς, masculin. Génitif εος, εως.

Βασιλεὺς,	rex,	*le roi.*
βραβεὺς,	judex certaminis,	*le juge du combat.*
ἑρμηνεὺς,	interpres,	*l'interprète, le messager.*

IV. DÉCLINAISON CONTRACTE.

ας pur, et ρας neutre. Génitif ατος, αος, ou ως.

Κρέας,	caro,	*la chair.*
γέρας,	præmium,	*le prix.*
γῆρας,	senectus,	*la vieillesse.*
δέρας,	pellis,	*la peau.*
πέρας,	finis,	*la fin.*
τέρας,	signum,	*le signe.*

V. DÉCLINAISON CONTRACTE.

ω, ως, féminin. Génitif οος, ou bien ους.

Ἀκκὼ,	mulier stulta,	*la femme folle.*
Ἐνυὼ,	Bellona,	*Bellone.*
Λητὼ,	Latona,	*Latone.*
μορμὼ,	larva,	*esprit follet.*
αἰδὼς,	pudor,	*honte, pudeur.*
ἠὼς,	aurora,	*l'aube du jour.*

VI. DÉCLINAISON CONTRACTE.

υς, masculin, féminin, commun. Génitif υος.

masculin.

Βότρυς,	racemus,	*grappe de raisin.*
ἰχθὺς,	piscis,	*le poisson.*
μῦς,	mus,	*rat, souris.*
στάχυς,	spica,	*l'épi.*

féminin.

γένυς,	mentum,	*le menton.*
δρῦς,	quercus,	*le chêne.*
ἰλὺς,	limus,	*limon, boue.*
ἰσχὺς,	robur,	*la force.*
ὀφρὺς,	supercilium,	*le sourcil.*
χέλυς,	testudo,	*la tortue*

commun.

ὁ σῦς,	sus,	*cochon, truie.*

ους, commun; génitif οος.

ἡ βοῦς,	bos,	*le bœuf.*

VII. DÉCLINAISON CONTRACTE.

ων, commun; ον neutre. Génitif ονος.

ὁ Βελτίων,	melior,	*meilleur.*
ὁ ἥσσων,	minor,	*moindre.*
ὁ μείων,	minor,	*moindre.*

Le neutre est βέλτιον, melius; ἧσσον, μεῖον, minus.

VERBES DE LA SIXIÈME CONJUGAISON;

VERBES CIRCONFLEXES.

εω :

D'où se forment les Circonflexes et les Verbes en μι *de la première Conjugaison.*

εω : Futur εσω.

Ἀρκέω,	sufficio, ere :	*substituer, suffire.*
ἐμέω,	vomo, ere :	*vomir.*
ζέω,	ferveo, ere :	*être échauffé, bouillir.*
ξέω,	rado, ere :	*racler.*
τερέω,	terebro, are :	*percer avec une tarière.*
τρέω,	tremo, ere :	*trembler.*

εω : Futur ησω.

ἀγανακτέω,	indignor, ari :	*s'indigner.*
ἀδέω,	placeo, ere :	*plaire.*
ἀδημονέω,	angor, gi :	*être tourmenté.*
ἀθρέω,	video, ere :	*voir.*
αἱρέω,	capio, ere :	*prendre.*
αἰτέω,	peto, ere :	*demander.*
αἰωρέω,	attollo, ere :	*lever, élever.*
ἀλδέω,	augeo, ere :	*augmenter.*
ἀλέω,	molo, ere :	*moudre.*
ἀλεξέω,	arceo, ere :	*chasser, repousser.*
ἀλισγέω,	inquino, are :	*souiller, tacher.*
ἀλιτέω,	pecco, are :	*pécher.*
ἀμφισβητέω,	controversor, ari :	*être en dispute.*
ἀπειλέω,	minor, ari :	*menacer.*
ἀσκέω,	exerceo, ere :	*exercer.*
αὐγέω,	glorior, ari :	*se glorifier.*

βοηθέω,	auxilior, ari :	aider, secourir.
γαμέω,	uxorem duco, ere :	se marier.
γηθέω,	gaudeo, ere :	se réjouir.
δέω,	ligo, are :	lier, attacher.
δηλέω,	lædo, ere :	blesser.
ἐγρηγορέω,	vigilo, are :	veiller.
εἰλέω,	volvo, ere :	rouler.
ἐρεσκελέω,	cavillor, ari :	sophistiquer.
ἐρωέω,	fluo, ere :	couler.
ζητέω,	quæro, ere :	chercher.
ἠμεκτέω,	indignor, ari :	être irrité.
θρέω,	clamo, are :	crier.
ἰνέω,	vacuo, are :	vider.
κεντέω,	pungo, ere :	piquer.
κηλέω,	delinio, ire :	adoucir, apaiser.
κινέω,	moveo, ere :	mouvoir.
κιχέω,	assequor, qui :	atteindre.
κομέω,	curo, are :	prendre soin.
κονέω,	festino, are :	se hâter.
κορέω,	verro, ere; satio, are :	traîner, balayer; rassasier.
λαλέω,	loquor, qui :	parler.
ληκέω,	sono, are :	résonner.
νέω,	neo, ere; no, are :	filer ; nager.
νοστέω,	redeo, ire :	revenir.
οἰδέω,	tumeo, ere :	être enflé.
ὀχθέω,	indignor, ari :	s'indigner.
πατέω,	calco, are :	fouler.
ποιέω,	facio, ere :	faire.
πολέω,	verto, ere :	tourner.
πτοέω,	terreo, ere :	effrayer.
πωλέω,	vendo, ere :	vendre.

ῥέω,	dico, ere :	*dire.*
ῥοφέω,	sorbeo, ere :	*avaler.*
σμαραγέω,	resono, are :	*retentir.*
σοβέω,	abigo, ere :	*chasser.*
στερέω,	privo, are :	*priver.*
στορέω,	sterno, ere :	*étendre.*
στυγέω,	odi, sse :	*haïr.*
τηρέω,	servo, are :	*conserver.*
φθέω,	corrumpo, ere :	*corrompre.*
ψλέω,	nugor, ari :	*s'amuser à des bagatelles.*
φρέω,	emitto, ere :	*envoyer.*
χατέω,	egeo, ere :	*avoir besoin.*
χωρέω,	accedo, ere :	*s'approcher.*
ὠθέω,	trudo, ere :	*pousser avec violence.*
ὠφελέω,	prosum, desse :	*servir, être utile.*

εω : Futur ευσω.

πλέω,	navigo, are :	*naviguer.*
πνέω,	flo ; spiro, are :	*souffler, respirer.*
ῥέω,	fluo, ere :	*couler.*
χέω,	fundo, ere :	*épancher, verser.*

αω,

D'où se forment les Circonflexes et les Verbes en μι *de la seconde Conjugaison.*

αω : Futur ασω.

ἀγάω,	admiror, ari :	*admirer.*
βριάω,	robustum reddo, ere :	*fortifier.*
γράω,	comedo, ere :	*manger.*
δράω,	facio, ere :	*faire.*
ἐάω,	sino, ere :	*permettre, laisser faire.*
ἐράω,	amo, are :	*aimer.*

θλάω,	elido, ere :	écraser.
θυμιάω,	suffio, ire :	parfumer.
κλάω,	frango, ere :	briser.
κρεμάω,	suspendo, ere :	suspendre.
κυρηβάω,	cornibus pugno, are :	combattre avec les cornes.
ὁράω,	video, ere :	voir.
ὀργάω,	appeto, ere :	souhaiter ardemment.
πάω,	possideo, ere :	posséder.
πετάω,	extendo, ere :	étendre.
σκεδάω,	dissipo, are :	dissiper.
σπάω,	traho, ere :	tirer, entraîner.
χάω,	incido, ere :	couper.
ὑλάω,	latro, are :	aboyer.
χαλάω,	cedo, ere :	céder.

αω : Futur ησω.

ἀγαπάω,	amo, are :	aimer.
ἀλοάω,	trituro, are :	broyer, battre le blé.
ἀμάω,	colligo, ere :	ramasser, recueillir.
ἀπατάω,	decipio, ere :	décevoir, tromper.
ἀτάω,	lædo, ere :	blesser.
ἀάω,	flo, are :	souffler.
βοάω,	boo, are :	beugler.
γοάω,	gemo, ere :	gémir.
δαπανάω,	consumo, ere :	consumer.
διαττάω,	percribro, are :	tamiser.
διφάω,	quæro, ere :	chercher.
ἐρευνάω,	indago, are :	rechercher.
ἐρωτάω,	interrogo, are :	interroger.
ζάω,	vivo, ere :	vivre.

θράω,	sedeo, ere :	s'asseoir.
ἰλάω,	propitius sum, esse :	etre propice, pardonner.
κνάω,	scalpo, ere :	gratter, déchirer.
κοιμάω,	dormire facio, ere :	endormir.
κολυμβάω,	nato, are :	nager.
κυβερνάω,	guberno, are :	gouverner.
κυκάω,	misceo, ere :	mêler.
λωφάω,	respiro, are :	respirer.
μάω,	vehementer cupio, ere :	désirer ardemment.
μειδάω,	subrideo, ere :	sourire.
μυδάω,	putresco, ere :	se pourrir.
μυκάω,	mugio, ire :	mugir.
νεμεσάω,	indignor, ari :	s'indigner.
νικάω,	vinco, ere :	vaincre.
ὀπτάω,	asso, are :	rôtir.
οὐτάω,	vulnero, are :	blesser.
περάω,	transeo, ire :	passer.
πηδάω,	salio, ire :	sauter.
σιγάω,	taceo, ere :	se taire.
σιωπάω,	taceo, ere :	se taire.
σμάω,	abstergo, ere :	essuyer.
σπαργάω,	tumeo, ere :	être enflé.
σφριγάω,	turgeo, ere :	se gonfler.
ταλάω,	suffero, rre :	souffrir.
τητάω,	tento, privo, are :	tenter, priver.
τιτράω,	perforo, are :	percer.
φοιτάω,	ventilo, are :	venir fréquemment.
φυσάω,	sufflo, are :	souffler.
χράω,	commodo, are :	accommoder, prêter.
ψάω,	comminuo, ere :	briser, fracasser.

οω,

D'où se forment les Circonflexes et les verbes en μι *de la troisième conjugaison.*

οω : Futur οσω.

ἀρόω,	aro, are :	*labourer.*

οω : Futur ωσω.

αἰσιμόω,	insumo, ere :	*consumer.*
βόω ou βόσκω,	pasco, ere :	*faire paître, nourrir.*
ἰδνόω,	incurvo, are :	*courber, plier.*

Moyens.

ἀκέομαι,	sano, are :	*guérir.*
ἀκροάομαι,	audio, ire :	*écouter.*
ἀλάομαι,	vagor, ari :	*être errant.*
ἀρνέομαι,	renuo, ere :	*refuser.*
βριμόομαι,	irâ fremo, ere :	*frémir de colère.*
βληχάομαι,	balo, are :	*béler.*
ἡγέομαι,	duco, ere :	*conduire.*
θεάομαι,	specto, are :	*regarder.*
ἰάομαι,	sano, are :	*guérir.*
καυχάομαι,	glorior, ari :	*se glorifier.*
κτάομαι,	possideo, ere :	*posséder.*
λιλαίομαι,	cupio, ere :	*désirer.*
μασάομαι,	manduco, are :	*manger.*
μηκάομαι,	balo, are :	*béler.*
μιμέομαι,	imitor, ari :	*imiter.*
μνάομαι,	memoro, are :	*raconter, se rappeler.*
ὀγκάομαι,	rudo, ere :	*rugir, braire.*
ὀρχέομαι,	salto, are :	*danser.*
ὠνέομαι,	emo, ere :	*acheter.*

14

DEUXIÈME PARTIE.

FIN DE LA TABLE DES MATIÈRES.